AQUI É O MEU LUGAR

INCLUI
PLANNER E
PLANO DE AÇÃO DIÁRIO

JOÃO ADIBE

Aqui é o meu lugar

1ª edição: Agosto 2024

Autor:
João Adibe

Revisão:
Jacob Paes
Iracy Borges

Projeto gráfico e capa:
Jéssica Wendy

DADOS INTERNACIONAIS DE CATALOGAÇÃO NA PUBLICAÇÃO (CIP)

Adibe, João
Aqui é o meu lugar: espelhe o sucesso e encontre o seu lugar no mundo a partir de uma história real / João Adibe.
— Porto Alegre : Citadel, 2024.
160 p.

ISBN: 978-65-5047-435-5

1. Sucesso 2. Sucesso nos negócios 3. Vendas
4. Autorrealização I. Título

24-1146 CDD 158.1

Angélica Ilacqua - Bibliotecária - CRB-8/7057

Produção editorial e distribuição:

CITADEL Grupo Editorial

contato@citadel.com.br
www.citadel.com.br

AQUI É O MEU LUGAR

INCLUI **PLANNER** E **PLANO DE AÇÃO DIÁRIO**

ESPELHE O SUCESSO E ENCONTRE O SEU LUGAR
NO MUNDO A PARTIR DE UMA HISTÓRIA REAL

JOÃO ADIBE

CITADEL
Grupo Editorial
2024

SUMÁRIO

SUMÁRIO

INTRODUÇÃO

PARTE 1 – VENDAS

PARTE 2 – MARKETING E GESTÃO DE PESSOAS

PARTE 3 – LIDERANÇA

INTRODUÇÃO

INTRODUÇÃO

Bonito por fora, destruído por dentro

É fácil olhar o palco da vida de alguém – principalmente na internet – e enxergar os seus melhores momentos. Também é fácil, para quem está ali exposto, se esconder por trás dos seus resultados e não mostrar o humano, de carne e osso. Difícil é assumir suas fraquezas e lidar com elas. Costumo dizer que a vida que você quer está depois de algumas conversas difíceis que você evita ter. E essas conversas são, principalmente, com você mesmo. Eu tive que olhar pra dentro, pois vi a morte me chamar. Ela chegou perto.

A vida acontece quando a gente está distraído, não é isso que dizem?! Ingenuamente, a gente acha que comanda as situações, mas repentinamente algo inesperado aparece e nos surpreende. Eu comecei 2023 assim, surpreendido, no susto. Lá estava eu, acreditando que tudo estava sob controle, quando a vida se fez mais vida para me mostrar que o meu controle era bem restrito. E o inesperado veio depois de duas operações. Era sábado, 14 de janeiro de 2023.

Por anos, convivi com um problema de hemorroida interna. Não era algo muito grave e, para não parar a rotina, sempre deixei para depois a solução definitiva daquilo. Problemas de hemorroida são bem comuns. Alguns estudos apontam que até 75% da população mundial, em algum momento da vida, pode desenvolver essa condição. Eu nunca falei abertamente sobre esse assunto porque sempre o entendi como algo íntimo. Apesar do incômodo, aprendi a conviver com aquela situação, afinal, a gente se acostuma com a dor. Eu comecei a apresentar os primeiros sintomas já adulto, mas apesar de esse problema ter me acompanhado por muitos anos, ele poderia ser resolvido em uma simples operação. Porém, mesmo com toda a facilidade para a sua resolução, eu evitei, pelo máximo tempo que pude, a realização do procedimento cirúrgico que acabaria com ele.

Eu fujo de hospitais. Minha relação com esses locais não é nada boa. É até traumática, em certa medida.

Por doze anos acompanhei a minha mãe em seu tratamento oncológico. Até o fim a minha mãe sempre manteve a esperança de vencer o seu câncer. A sua postura fortalecia a nossa família. Porém, mesmo diante de sua atitude otimista, o tratamento foi extremamente cansativo para nossa família. Constantemente entrávamos e saíamos de hospitais. Aquele foi um período conturbado e mexeu muito comigo.

Como se o tempo de tratamento de minha mãe já não tivesse sido suficientemente doloroso, depois do seu falecimento a saúde de meu pai rapidamente se fragilizou, e lá fui eu por mais sete anos acompanhá-lo em médicos e hospitais.

O ambiente hospitalar me traz memórias ruins, de tristeza e dor. Por isso, mesmo que eu saiba que ali tenho maiores chances para reverter um quadro de saúde negativo, resisto à ideia de frequentá-los. Mas no começo de 2023 estava decidido a dar um basta ao incômodo provocado pelas hemorroidas e aproveitaria a situação para fazer um tratamento estético pontual no pescoço. Já que iria me submeter a uma cirurgia, que fizesse tudo o que tinha de fazer de uma única vez. Assim me programei. As equipes médicas me garantiram que seriam dois procedimentos de fácil execução.

Na sexta-feira, 13 de janeiro de 2023, era a data da minha internação. Aquele dia foi como outro qualquer. Eu me sentia bem. Conversei brevemente com enfermeiros e auxiliares de enfermagem e me mantive sereno, com Cinthya ao meu lado. Como de costume, tomei a minha melatonina e descansei. Dormi muito bem.

A primeira cirurgia, que seria a de hemorroida, estava programada para começar antes das seis horas da manhã, por isso despertei cedo, por volta das cinco da manhã, horário, aliás, que costumo acordar. No íntimo, eu tinha a certeza de que estava mantendo meu *ritmo, rotina e ritual*. Aquilo me deixava mais confiante.

Ao acompanhar o trajeto até a cirurgia, comecei a ficar um pouco mexido. Até aquele momento, nunca tinha visto os “bastidores” de hospital, deitado numa maca. Fui, então, levado por ambientes e corredores a que só os funcionários têm acesso. Eram lugares com temperatura muito baixa, totalmente impessoais. Naquele instante, tive a sensação de ter entrado em outra dimensão. O ambiente era altamente tecnológico e me vi cercado por máquinas. Poucos segundos depois, fui anestesiado e apaguei. Fiquei inconsciente por doze horas.

As cirurgias estavam previstas para terminarem por volta do meio-dia. Essa era apenas a previsão, porque, no decorrer dos procedimentos, eles perceberam que precisariam de muito mais tempo. Eu sou um homem de fé, mas não sou fervoroso. Acredito em Deus e tenho uma relação de respeito com a decisão de cada um em demonstrar a sua crença, mas eu não estava preparado para o que iria acontecer durante a cirurgia, tampouco para o que aconteceu depois daqueles procedimentos. No momento em que me anestesiaram, eu vi o meu pai e a minha mãe. Não era como em um sonho. Eu os via ao meu lado. Tentava falar com eles, mas eles não respondiam. Ali, em pé ao meu lado, eles ficaram me observando durante as doze horas dos procedimentos cirúrgicos. Vê-los me deixava seguro, mas não sei explicar como isso aconteceu. Eu nunca tinha passado por aquela situação. Era algo completamente inusitado, e ainda é.

Do lado de fora, Cinthya estava desesperada. Qual o motivo daquela demora? Não era um procedimento simples? Ela andava pelos corredores do hospital em busca de informações que não vinham. Ela estava aflita, até que conseguiu retorno de um dos médicos, que explicou a demora. Mesmo assim, o clima era de muita tensão.

Às 17h, a cirurgia terminou e, sedado, me levaram para o quarto. Pouco tempo depois, acordei e vi Cinthya. Sonolento, conversei com ela:

– Amor, preciso te contar algo. Meus pais me acompanharam por toda a cirurgia. Eu os via como te vejo agora, ao meu lado.

Ela me respondeu com um sorriso e um aceno de conforto:

– Que bom, amor. Você esteve bem acompanhado.

– Mas eles estão me chamando, Cinthya. Eu vou embora!

“Eu vou embora” foram as últimas palavras que falei para minha esposa antes de desmaiar. Meu batimento cardíaco diminuiu repentinamente, chegando perto do zero. É aquela hora em que as máquinas que te monitoram começam a fazer aqueles barulhos contínuos e os gráficos de variação transformam-se em uma linha reta. A minha glicemia despencou para baixo dos 30. Cinthya se desesperou. Ela falava comigo, mas eu não ouvia. Eu me mexia e não lhe respondia. Estava inerte e inconsciente.

Desesperada, ela acionou a campainha que chama por ajuda e saiu gritando e correndo pelos corredores do hospital, pedindo por socorro. Em segundos, várias pessoas tentavam me reanimar.

> *Depois de tanta espera acreditei que o pior já havia passado. Doce ilusão. Naquele momento em que os aparelhos pararam eu fiquei desesperada. Mais do que isso: o João me dizendo que os pais dele o estavam chamando! Eu não podia acreditar. Correndo pelo hospital e gritando, várias pessoas vieram ao socorro e eu dizia: aqui é o seu lugar, João.*
>
> – Cinthya Marques

Naquele momento, em que falei para Cinthya que estava indo embora, eu vi os meus pais novamente. Era como se estivesse indo ao encontro deles. Eu os via me esperando no alto, ao lado de uma espécie de porta. Mas ao me aproximar deles, ouvi meu pai falando, energicamente: *“Desça! Volte para o lugar de onde você veio"*; e, bruscamente, ele fechou aquela porta. Reabri os olhos e recobrei a consciência. Atônito, olhava as pessoas tentando me reanimar. Os procedimentos feitos por eles deram certo.

Conseguiram me estabilizar e voltaram a me monitorar. Daquela noite até a minha alta tudo transcorreu bem. Fui liberado no dia seguinte, mas em uma semana eu voltaria para o hospital em uma situação de grave emergência.

“Emergência H”

Era domingo, 22 de janeiro. Haviam se passado alguns dias da cirurgia. Eu estava tranquilo em casa, cercado por minha família. Naquele dia, almocei com Cinthya e com uma de suas primas, Lígia, e mantive o repouso. As crianças estavam brincando pela casa e eu estava no meu quarto. Meus outros filhos, Adibe, Esther e Bruna, já tinham vindo me ver. Tudo estava aparentemente bem até que, por volta das 18h, comecei a me sentir mal. Sentia uma forte pressão em meu pescoço. Estava com essa região enfaixada, pelas intervenções cirúrgicas. A dor era do lado direito, onde havia alguns pontos, que começaram a esquentar. Sentia um forte calor e uma pressão intensa.

Aquela sensação era estranha, porque até aquele momento não havia sentido nada. Deitado na cama, olhei para Cinthya e falei: “*Amor, eu estou inchando. Não estou bem*”. Imediatamente, ela me respondeu que eu deveria ficar quieto. “*Como você vai melhorar se você não para?*” Eu insistia: “*Não estou bem, amor. Meu pescoço está inchando. Liga para o médico*”.

Com o João tudo é intenso. Tudo acontece em alta frequência. Então, eu me acostumei a entender que, algumas vezes, eu preciso controlar essa intensidade. Podemos dizer que eu tiro 20%... (risos). *Então, quando ele me disse que tinha alguma coisa acontecendo e estava inchando, eu tirei os 20%. Mas dessa vez eu estava errada. O problema era realmente sério.*

– Cinthya Marques

Depois de falar comigo, Cinthya entrou para o banho; já que minha filha havia chegado e estava conversando comigo, ela aproveitou que eu não estava sozinho para fazer suas coisas. Assim que minha filha saiu, voltei para a Cinthya e insisti:

"Estou inchando!"

Cinthya se virou para terminar de se trocar. Quando voltou os olhos para minha direção, percebi o seu semblante de desespero. A coisa deveria estar realmente feia. Ela ligou para um dos médicos que estavam a par do meu caso e ele pediu para fazer uma chamada de vídeo pelo celular. Ao me ver, disse que ainda estava no hospital e pediu para que fôssemos encontrá-lo lá. Durante a conversa com ele, aquele inchaço e o calor no pescoço aumentavam. Pioraram ao finalizarmos a chamada. Um caroço começou a aparecer sob a faixa, e a sensação que tinha era de que ele iria estourar a qualquer momento. Aquele caroço virou uma bola. Era uma hemorragia interna.

Por sorte, a prima de Cinthya, Lígia, é médica. Foi ela quem, ainda em casa, me ajudou a controlar a situação. Ela se manteve ao meu lado, segurando o meu pescoço e tentando me tranquilizar, enquanto Cinthya organizava a nossa ida ao hospital. Lígia sabia da gravidade do que estava acontecendo. Aquela situação era resultante de um vaso sanguíneo que havia estourado internamente, mas eu não entendia a extensão dos acontecimentos.

Já era noite quando saímos de casa. Chegar até o hospital foi como fazer uma viagem urgente sem fim. Entramos num carro e saímos em disparada pelas ruas, Cinthya ao meu lado, Lígia segurando o meu pescoço. A única pessoa que poderia ser o motorista era o segurança da casa e ele fez bem o papel. Acendeu os faróis altos e acelerou pela cidade. Em trinta minutos estávamos diante do médico, que nos aguardava na porta do hospital.

Hospital vazio, domingo, sem atendimento na área das consultas. O João provavelmente não tinha ideia do quão grave estava a situação. Lígia, minha prima, tentava me acalmar, mas também estava preocupada. Quando o carro parou em frente ao hospital, ninguém para atender. Novamente eu recorri ao desespero: gritei pelos corredores e nada. Encontrei uma cadeira de rodas, a peguei e voltei para o carro. Ali colocamos o João – Lígia, eu e o motorista. Ele estava mole, com pouca reação, mas consciente. Parecia que tudo estava dando errado: passávamos pela porta do hospital, um de nós ficava preso do outro lado – essas portas só têm acionamento de um lado; depois, não conseguíamos encaixar os pés dele na cadeira. Naquela aflição, não era fácil mobilizar um homem adulto, bem maior do que eu, em uma cadeira de rodas na qual eu não tinha o mínimo de domínio. Finalmente, chegamos ao médico, ele foi imediatamente mexer naquele inchaço, e eu, por fim, fui à recepção acertar os documentos e a entrada dele no hospital.

– CINTHYA MARQUES

Naquele momento, o médico decidiu tirar um dos pontos da cirurgia ali mesmo, antes de entrar para a sala de cirurgia. Ao retirá-lo, porém, meu sangue jorrou incontrolavelmente.

Naquele momento, ele olhou para a sua equipe e falou *"emergência h"*. Eu não sabia o que significava aquela expressão, mas pela cara deles, era algo sério. Eles repetiam, "emergência h". Tiraram-me da cadeira de rodas, me colocaram numa maca, pediram para que eu não me mexesse e me levaram em disparada em direção à sala de operação. Eu estava todo ensanguentado. Ao longo do caminho, mediam a minha pressão arterial, me colocaram no balão de oxigênio, a enfermeira pedia para eu não parar de respirar. Sentia como se minha cabeça fosse explodir e, de repente, meus filhos, minha irmã Karla e meu cunhado Marcelo estavam à minha volta, me acompanhando naquele corre-corre. Mais uma vez, eu estava em uma emergência com a minha família ao meu redor.

No meio daquela confusão, eu não acreditava que estava passando por aquela situação. Meu corpo doía muito.

Ao chegar ao centro cirúrgico, me anestesiaram e fui operado por mais duas horas. Os médicos precisavam abrir os pontos da cirurgia para cauterizar um vaso que havia se rompido. Daquela vez, contudo, eu só apaguei. Não vi meus pais nem nada. Fiquei completamente inconsciente. Saí "zerado" daquela intervenção. Acordei no quarto, me sentindo bem. Logo depois, voltei para casa e a recuperação transcorreu dentro da normalidade.

Finalmente tudo parecia resolvido. Eu, com uma viagem marcada para a França, relutei em embarcar. Falei para o João que cancelaria para ficar com ele, que insistiu: "Pode ir, eu estou bem. Já retirei os pontos, tudo certo. Vai porque eu estou bem". Naquela altura ele já estava participando das reuniões, falando com fornecedores e trabalhando, de casa mas 100% na ativa. Então, mesmo a contragosto, embarquei. Chegando a Paris, quando meu celular volta a ter sinal por completo, recebo a notícia: João no hospital novamente. Eu só pensava: "Meu Deus, isso não vai ter fim". Dessa vez, ocorreu uma hemorragia interna em decorrência da cirurgia da hemorroida. Teve um sangramento em casa e correu para o hospital. Eu peguei o voo mais rápido possível e retornei. Em uma semana, ele finalmente estava 100% recuperado e aquele pesadelo parecia ter acabado. Tudo aquilo me fez acreditar ainda mais na importância de nos colocarmos em primeiro lugar. João sempre se

> *preocupou e fez tudo por mim, pelos seus filhos, pela empresa e por todos que estão ao seu redor, mas aprendeu a cuidar dele em primeiro lugar. Meu amor e admiração por ele aumentaram ainda mais depois de tudo o que passamos e, a cada dia, fortalecemos nosso comprometimento um com o outro.*
>
> – Cinthya Marques

Toda aquela situação aconteceu poucos dias antes de meu aniversário de 51 anos e me fez refletir sobre a minha vida.

Eu sempre tive um ritmo muito forte de atividades. Nunca precisei que ninguém me cobrasse nada. As minhas cobranças já são suficientes. Desde quando me entendo por gente, trabalho sem parar, não por necessidade ou obrigação, mas por prazer. Eu gosto de trabalhar. Gosto de conquistar e transformar. Eu me realizo e me completo no trabalho. Minhas atividades profissionais me fazem ser quem eu sou, mas aí veio a vida e me deu um sacode, me fez perceber a minha fragilidade; reforçou a importância em dividir os dias com alguém que amo; mais uma vez, marcou como é fundamental manter bons laços com meus filhos, irmãos e amigos. Ficar em uma situação de saúde tão delicada me fez perceber a importância e urgência de rever alguns dos meus comportamentos.

A partir de agora os desafios são outros. É preciso construir um espaço não só de ação, mas onde uma profunda reflexão sobre as atitudes tomadas ganhe mais relevância.

Eu quero dar continuidade a um legado que me foi passado por meus pais. Isso é uma grande responsabilidade e me faz enxergar possibilidades múltiplas. À minha frente, há um enorme mundo que pode ser construído com mais oportunidade e prosperidade para todos. Esse é um dos meus maiores desafios nessa fase de minha história. Esse é o João que eu vejo surgir numa fase que batizei de João50+.

É muito bom ter você aqui comigo para compartilhar um pouco das minhas reflexões para esse período. Inicio o livro com essa história pessoal e íntima para mostrar que nós somos humanos, erramos, e que a vida é um sopro. Que as coisas realmente importantes não podem ser compradas ou adquiridas, mas sim vividas. Não pense que essa é apenas uma biografia, porque não é. Não espere encontrar aqui somente uma linha do tempo da minha vida. Quero compartilhar com você, leitor e amigo, coisas em que eu acredito sobre desenvolvimento pessoal, profissional e emocional. Não quero dar receitas prontas, mas mostrar o caminho; muito menos exaltar as minhas conquistas ou dizer que você deve ser igual a mim, muito pelo contrário, quero despertar em cada um a sua própria luz, o seu próprio potencial a partir daquilo que eu já sei e posso dividir. Esse é o objetivo neste livro.

Algumas informações importantes

Este livro, como eu disse, não é uma biografia. Sendo assim, ele pode ser lido fora da ordem. Cada capítulo terá seu início, meio e fim nele mesmo. Obviamente, os capítulos se completam, então a leitura completa será muito mais proveitosa. Todos os capítulos serão finalizados com um mapa mental. Ele é uma amostra gráfica, resumida em uma página, do conteúdo principal daquele capítulo. Além disso, todos os capítulos terão conteúdos extras, que são:

A opinião do especialista – ninguém faz tudo sozinho. Em minha vida, e consequentemente na Cimed, nós temos pessoas ultracapacitadas em várias áreas. Então, quando o assunto for RH, por exemplo, você terá, além da minha fala, um conteúdo rápido, mas muito profundo, de um especialista da respectiva área. E isso acontecerá no livro todo.

QR codes – teremos conteúdo multiplataforma para complementar o seu estudo. Podem ser vídeos, questionários, imagens, entrevistas e até outras leituras disponíveis no decorrer do livro para que, com o seu celular, você possa acessar e maximizar o seu estudo.

Atividades – alguns conteúdos são muito bem absorvidos quando lemos ou assistimos. Outros exigem uma participação mais ativa, como escrever, anotar ou dar a sua opinião. Isso é muito importante no processo de crescimento. Por isso temos neste livro espaços para você preencher, escrever e anotar, além de fazer suas próprias considerações livremente. Tenha sempre uma caneta ao lado, pois além de livro, a ideia é que ele seja também um planner, de certa forma, para que você ative a rotina sem precisar de outro espaço para anotações.

Dividir conhecimento nos engrandece. Aprendemos com as histórias de vida dos outros e temos a **possibilidade de nos transformar.**

AQUI É O MEU LUGAR – JOÃO ADIBE

1

PARTE 1

VENDAS

O início de tudo

Cláudia, minha mãe, era a personificação da afetuosidade e da atenção ao próximo. Seu exemplo e o de meu pai foram faróis que me guiaram até a presidência de uma das principais indústrias farmacêuticas do Brasil. Na década de 1970, eles abraçaram um sonho ambicioso ao fundar a Honorterápica. De grão em grão, construíram uma empresa familiar robusta, hoje um pilar no cenário farmacêutico.

Naquele sobrado discreto do Cambuci, bairro modesto de São Paulo, nasceu uma visão que se transformaria numa empresa bilionária, uma história de garra e dedicação. A Cimed, nossa expressão de sucesso, se tornou a líder em OTC[1] no Brasil, e na aurora dos anos 2020, já detínhamos 10% das vendas de medicamentos no país. Esses marcos econômicos, porém, não obscurecem as lembranças da rua Engenheiro Prudente, onde tudo começou.

Não sou dado à nostalgia, mas recordar os anos 1980 e 1990, a era do jovem João Adibe, reacende em mim a paixão pelo crescimento comercial, pelo aprendizado contínuo e pela busca de oportunidades para inovar e diversificar. Minha afinidade com o comercial se revelou cedo, vendendo era onde me sentia em casa, e negociar nossos produtos era e é uma fonte de alegria.

---

1. Sigla para *over-the-counter*, ou seja, medicamentos de venda livre, sem necessidade de receita médica.

No agora, a gente tem a possibilidade de fazer um mundo melhor. Em nossa frente há um enorme mundo que pode ser construído com mais oportunidade e prosperidade para todos. **Esse é um dos meus maiores desafios hoje.**

Nos primórdios, as vendas eram um exercício de resiliência, uma era sem computadores ou celulares, em que o sucesso exigia contato direto, o "olho no olho" com os donos das pequenas farmácias. Aqueles eram dias de visita em visita, pasta debaixo do braço, em um diálogo constante pela convicção do comprador.

Nos anos 1990, ainda como Honorterápica, nosso portfólio era limitado a vinte produtos e nossa equipe era um pequeno grupo de doze pessoas, incluindo a mim e meus pais. Éramos um laboratório de nome curioso e receitas modestas, quase invisíveis no mercado. Sabíamos que, para mudar o jogo, era essencial agir rapidamente, inovar nossos modelos de negócio e aprimorar nossas práticas.

O investimento em produtos populares, como antigripais e xaropes, foi nosso primeiro golpe de mestre, gerando um crescimento imediato e um aumento substancial em vendas e recompras, especialmente após a aquisição da Cimed.

Aos dezoito anos, durante a aquisição da Cimed, eu era um faz-tudo na empresa dos meus pais, mas já estava imerso no aprendizado do negócio, na compreensão do cliente e nas estratégias de venda. Foi nesse período que conheci o sr. Passos, proprietário de uma distribuidora de medicamentos que me ofereceu a Cimed. A negociação foi cautelosa e refletida, em respeito à magnitude da decisão.

Contra a resistência inicial do meu pai, argumentei pela oportunidade que a Cimed representava, até que ele cedeu. Nossa visita às instalações em Sapopemba foi decisiva. A aquisição nos uniu ainda mais, e vendemos bens para financiar a compra. Aquele pequeno laboratório tinha um potencial comercial imenso, apesar de sua administração incipiente.

Com produtos inovadores como o Cimegripe e o Frenotosse, a Cimed se tornou um nome de peso no mercado farmacêutico brasileiro. Meu trabalho diário se transformou, incluindo viagens regulares ao novo braço da empresa, enfrentando desafios logísticos em um país de dimensões e peculiaridades singulares.

O crescimento da Cimed foi uma jornada de dedicação, uma visão e um profundo compromisso com o legado familiar. Hoje, olho para o passado não por saudosismo, mas como um mapa que me orienta no presente e ilumina o futuro, um futuro que honra a memória de minha mãe e a sabedoria de meu pai, continuando a história de sucesso que eles começaram.

Meu orgulho é dizer que sou vendedor

As vendas mudaram a minha vida. Eu pude empreender dentro do negócio da minha família a partir das vendas. Vendedor que quer se dar bem tem de ser criativo e arriscar. Inova e se adapta a todo momento, criando situações prósperas, agregando pessoas, buscando perspectivas originais, acima de tudo, não se paralisando diante das circunstâncias desfavoráveis. Respiro vendas e todos os dias vivo algo novo nesse setor. Eu me entendo no mundo como um vendedor e tenho muito orgulho dessa profissão, mesmo reconhecendo que também sou empresário e industrial, mas só posso viver essas atividades porque, antes de tudo, sou vendedor. O "bater pasta" me fez ganhar cada centavo que juntei e me deu um norte na vida.

Na década de 1990, quando a Cimed ainda se chamava Honorterápica, não tínhamos em nosso portfólio de vendas uma linha de produtos populares. Ao observar aquela situação, percebi que se não a mudássemos depressa iríamos ficar patinando no mercado. Precisávamos encontrar algum produto para virar aquele jogo.

Essa era a minha motivação profissional aos vinte e poucos anos de idade; e mal sabia eu que o nosso primeiro carro-chefe de vendas seria um xarope, o Frenotosse.

O sucesso de vendas que aconteceu com o Frenotosse não era de se esperar, porque o seu gosto desagradava os consumidores. Entre outros ingredientes, em sua fórmula havia bromofórmio e benzoato de sódio. Essa combinação deixava seu sabor muito amargo, atrapalhando o seu consumo. Mas foi diante dessa dificuldade que o destino agiu a meu favor. Eu me deparei com uma ação de vendas de um pirulito e entendi que ali havia uma oportunidade. Se o sabor do xarope era forte, o pirulito adoçaria a boca de quem o tivesse tomado. Nada mal levar um pouco de doçura para quem estava tentando se recuperar de uma gripe e, ainda por cima, tinha um quadro de tosse persistente. A ideia era boa, mas não se sustentava sozinha. Tínhamos de impulsionar a associação do pirulito ao Frenotosse. Foi quando criei o personagem do Super Frenotosse, um molequinho simpático que segurava um pirulito.

A ideia do Super Frenotosse fechava um ciclo da criação do marketing do produto. Teria um brinde para ser distribuído pelos balconistas da farmácia quando alguém comprasse um vidro do xarope e, para dar visibilidade à ação, os pontos de vendas nas farmácias foram cobertos por bonecos do Super Frenotosse. A aposta naquela ação se pagou. Vendemos um milhão de unidades do xarope. Foi um sucesso comercial inesperado. O pirulito capturou a atenção do consumidor e pegamos o mercado de surpresa, porque o setor não tinha aquela dinâmica de vendas e foi a partir dela que começamos a nos tornar conhecidos.

Vendedor bom inova e se adapta a todo momento, criando situações prósperas, agregando pessoas, buscando perspectivas originais e **não se paralisando diante das circunstâncias desfavoráveis.**

AQUI É O MEU LUGAR – JOÃO ADIBE

O poder da rotina

Aqui preciso contar a vocês sobre a minha natureza competitiva; a ideia de "perder" é um conceito que simplesmente não se encaixa no meu dicionário pessoal. A competição aguça meus sentidos, tornando-me mais perspicaz e ágil – qualidades indispensáveis para encarar uma ampla gama de situações –, além de me ajudar a enxergar as coisas sob uma ótica estratégica, antecipando possíveis desfechos. É claro que o inesperado pode surgir; contudo, com preparação, a probabilidade de falhar ou de não atingir as metas estabelecidas se reduz consideravelmente. Por isso estou sempre pronto para encarar um novo desafio competitivo. Essa é uma das minhas marcas registradas e não me envergonho disso; afinal, a vitória abre portas para crescimento e aprimoramento. O sucesso, sem dúvida, não é para os acomodados. Compreendi muito cedo que, a exemplo de um atleta profissional, precisava de persistência. Tornei-me, assim, um homem de ritmo, rotina e ritual – a minha própria versão da "Lei dos 3 Rs".

O "ritmo" mencionado diz respeito à execução constante de tarefas, a "rotina" é o meu itinerário diário inalterado para evitar distrações e o "ritual" é o ato de dar valor a cada passo dado, atribuindo-lhes significado e relevância. Essas três diretrizes me ensinaram a manter o controle emocional e a gerenciar expectativas, o que me permitiu esculpir minhas ações tanto na esfera das vendas quanto na de um executivo de elite.

Para transformar sonhos em realidade, minha jornada começa cedo todos os dias. Às 5h da manhã, religiosamente, já estou de pé, com o dia programado para encerrar às 19h. Esse cronograma é sagrado, pois às 20h é o momento reservado para minha esposa, Cinthya, e para os meus filhos, garantindo que esteja na cama às 22h. Mesmo em viagens, sejam elas domésticas ou internacionais, faço questão de manter essa disciplina. Essa escolha é a base da minha saúde física e mental.

Assim como se espera um desempenho exemplar dos atletas nas competições, liderar uma gigante como a Cimed exige um conjunto de habilidades comparáveis àquelas dos esportistas, incluindo uma capacidade de concentração excepcional e agilidade mental, para que a pressão das negociações não afete minha eficácia. Talvez seja esse o motivo pelo qual desenvolvi uma afinidade tão grande pelo esporte.

Esse interesse me trouxe amizades valiosas e histórias que reservo para contar mais adiante neste livro. Essas experiências realçam a importância de acreditar em si mesmo, de ousar e de superar os próprios temores. Gosto de dizer que o medo é um estranho para mim, tanto que cheguei a me considerar um “super-homem” em certos momentos. No entanto, admito que, em algumas situações, cheguei a flertar com a ideia do medo, como mencionei nas páginas iniciais desta obra.

NÃO É O QUE VOCÊ TEM. **MAS O QUE VOCÊ FAZ.**

Assim como especifiquei lá no tópico "Algumas informações importantes", aqui começa o seu planner pessoal. Nas próximas páginas você terá um verdadeiro parceiro para estabelecer a sua própria rotina. Não precisa ser igual a minha, mas tenha uma. Adéque os seus horários às necessidades do seu trabalho e da sua família e mantenha o equilíbrio, isso é o mais importante. Depois, seja constante. Não somos lembrados por aquilo que fazemos de vez em quando, mas por aquilo que fazemos todos os dias.

Não somos lembrados por aquilo que fazemos de vez em quando, mas por **aquilo que fazemos todos os dias.**

AQUI É O MEU LUGAR – JOÃO ADIBE

ROTINA DIÁRIA

___ / ______ / ___

Seg Ter Qua Qui Sex Sáb Dom

	Tarefa	Concluída
7:00		
8:00		
9:00		
10:00		
11:00		
12:00		
13:00		
14:00		
15:00		
16:00		
17:00		
18:00		
19:00		
20:00		
21:00		
22:00		
23:00		

RITUAL

!

CAFÉ DA MANHÃ

ALMOÇO

JANTA

HIDRATAÇÃO

RITMO

TARFAS

URGÊNCIAS

Técnica 1+2

Minha virada profissional veio ao entender que vendas não são apenas transações, são o pulsar de uma empresa. Iniciei na expedição, um setor vital, mas não o núcleo. Descobri que o verdadeiro jogo acontecia nas vendas e mergulhei de cabeça nessa aventura. Nos primórdios da Honorterápica, éramos pequenos, com um portfólio de apenas vinte produtos e nenhum catálogo para exibir. Mas isso não me deteve.

Improvisando um catálogo com recortes de embalagens e folhas sulfite, eu abri caminho, armação simples, mas cheia de determinação. Esse era o espírito da nossa marca, criar oportunidades onde não pareciam existir. E a inovação veio na forma da estratégia de vendas "1+2", uma jogada que desafiou padrões: por cada produto comprado, o cliente recebia dois adicionais. Transformamos o que seria um desconto em valor adicional, uma vantagem tangível que nossos clientes não podiam ignorar.

Exemplo: se uma farmácia fizesse um investimento de R$ 100 em meus produtos, com a venda de tudo o que tivesse comprado, receberia R$ 300. Na prática, a farmácia pagou R$ 100 em produto (1), mas recebeu o equivalente a R$ 200 (+2) em potencial de retorno financeiro. A lógica é simples, 1+2 = 3 (R$ 100 + R$ 200 = R$ 300). O mercado não era acostumado a oferecer esse tipo de transação, o começo da revolução comercial que aconteceu alguns anos depois quando a Cimed passou a existir de fato e de direito. Ali, dava os primeiros passos para a criação da nossa cadeia de verticalização.

Transformei a ausência de intermediários em uma oportunidade de ouro. Com uma estratégia de vendas diretas, nós fizemos mais que economizar; criamos um vínculo direto e lucrativo com as farmácias. Nosso modelo "1+2" não era apenas uma promoção, era uma filosofia, uma declaração de que entendíamos e valorizávamos nossos parceiros comerciais.

A verdadeira revolução veio da necessidade de diversificar, de expandir nosso alcance. Aquisições estratégicas, como a da Cimed, ampliaram nosso catálogo e fortaleceram nossa posição no mercado. Cada novo produto era uma promessa de crescimento, uma chance de renovar nosso compromisso com a inovação e com nossos clientes.

Armado apenas com um catálogo improvisado e uma vontade indomável, eu saía "batendo pasta", convencendo cada cliente do valor que trazíamos. Não era só sobre vender; era sobre criar uma história de sucesso, página por página, produto por produto. E à medida que cada farmácia se tornava um cliente, eles não apenas compravam produtos, investiam em uma parceria, em uma visão compartilhada de sucesso e crescimento.

Cada venda era a afirmação de que não se precisa de um exército de produtos para vencer, mas sim de uma estratégia inovadora, de produtos que falam por si e de um serviço que encanta. Foi assim que, de um começo humilde e com uma abordagem direta, construímos um legado, mostrando que a verdadeira força vem da capacidade de adaptar, inovar e superar todas as expectativas. Nas próximas páginas, seguindo nosso planner, você terá um método simples e objetivo para você, que é vendedor, montar o seu próprio 1+2 e aplicar ao seu negócio ou dia a dia. No QR code que segue, você também pode fazer isso no seu celular. Lá você terá ainda mais opções de personalização.

Vendedor bom entende (e tem) os seus produtos

A importância do treinamento é um dos segredos da área comercial. A repetição do ato de vender nos ensina. Venda requer prática, e se o vendedor não estiver devidamente treinado, não consegue vender; e esse treinamento deve começar pelo entendimento do produto. O representante comercial deve saber as características do que tem em mãos para ensinar o seu cliente a vender esse determinado produto. Só é possível caracterizar uma boa relação comercial quando há uma continuidade de venda (recompra) e para essa situação acontecer o produto precisa ter saída em loja. O passo a passo é: eu vendi. Ele comprou; ele vendeu. Eu vendi novamente para ele.

Minha primeira grande escola comercial foi a pasta de papel carta dura, o cartucho colado numa folha de papel sulfite e a técnica do "1+2". Aquele foi o período em que meu pensamento de vendedor tomou corpo. Depois, senti a importância dos lançamentos e descobri que a venda não é só prazo e desconto. Por fim, confirmei a importância do treinamento para ser vendedor, porque sem capacitação não se vende nada. O começo da minha carreira aflorou o meu DNA no setor e foi um momento decisivo para me estruturar; mesmo quando ainda era uma empresa pequena, já me achava o cara e tinha a impressão de que era um laboratório gigante.

Sempre gostei de mostrar o que vendo, então fazer aquelas demonstrações seria natural para mim, mas precisava ter impacto, chamar atenção de algum modo. Com um entusiasmo inato para apresentar os produtos que vendia, eu sabia que as demonstrações seriam a minha arena. No entanto, para realmente capturar a atenção e criar um impacto memorável, era necessário um elemento diferenciador. Foi aí que a mala Catarina entrou em cena – um ícone de estilo e eficiência da época. Carregada de amostras, ela se tornou meu passaporte para a inovação: "Se as pessoas anseiam por amostras grátis, vou ser o provedor ambulante desses tesouros pelas ruas da cidade". A receptividade foi calorosa e confirmou minha intuição.

Após uma fase experimental, que serviu para medir o pulso do varejo diante dessa novidade, adquiri malas Catarina idênticas para meus dez representantes comerciais. Aquela mala não era mais apenas uma mala: era um estandarte da nossa marca. Cada representante saía para sua rota munido de amostras, pronto para a generosidade estratégica. Não fui o inventor dessa técnica; dei-lhe novas asas, inspirado na prática de propagandistas médicos. Eles limitavam seu palco aos consultórios, enquanto nós rompemos esse padrão, levando nossas demonstrações diretamente às farmácias, um terreno até então negligenciado.

Fomos pioneiros ao educar farmacêuticos e balconistas sobre o produto, não apenas com um discurso pronto, mas com detalhes que importam. Essa abordagem inesperada rompeu padrões. Enquanto a indústria focava os médicos, nós conquistamos a rede varejista farmacêutica, especialmente os pequenos comércios, por meio de treinamento e conhecimento. Aos balconistas, eu explicava desde a composição até a aplicabilidade do medicamento; aos proprietários, destacava o lucro latente de uma parceria comigo. Compreendi que ofertas comerciais excepcionais são vazias sem o conhecimento do produto no ponto de venda.

Essa percepção me levou a entender outra regra de ouro do negócio: a arte do treinamento. Vendas são uma performance repetitiva que se aperfeiçoa com a prática.

A EFICÁCIA DE UM VENDEDOR ESTÁ DIRETAMENTE LIGADA **AO SEU TREINAMENTO, COMEÇANDO PELO PRODUTO EM SUAS MÃOS.**

Nossos representantes eram mestres dos produtos antes de serem vendedores, transformando-se em educadores para os clientes. Essa relação de ensinar e vender é um círculo virtuoso, pois a verdadeira potência comercial emerge da recompra, da preferência constante pelo produto.

Esta é a espinha dorsal da força de vendas da Cimed: conhecer, vender e educar. Uma tríade que forma um ciclo educacional contínuo. Foi nesse contexto que defini os 3 Ps da venda: preço, prazo e propósito. Preço e prazo são fundamentais, mas o propósito é o verdadeiro diamante – capacitar o cliente a vender é a essência, pois uma venda só se cristaliza na recompra.

Executar esse propósito com maestria é revolucionário. Ele não somente abre portas, mas também constrói pontes, fortalece laços, nutre a empatia e conduz à prosperidade. Através dessa filosofia, não apenas vendemos: nós crescemos, inovamos e prosperamos em conjunto. É uma estratégia colossal, que transcende o produto, transformando o mercado e deixando um legado de excelência e sucesso.

O SUCESSO
NÃO ACEITA PREGUIÇA.

OS 10 PRINCÍPIOS FUNDAMENTAIS DO VENDEDOR

1 **Conhecimento profundo:** um vendedor exímio é aquele que possui um domínio enciclopédico sobre o produto. Conhecer cada detalhe, cada nuance é vital para transmitir confiança e autoridade aos clientes.

2 **Empatia e conexão:** a arte de vender é, em essência, uma prática de empatia. Criar uma conexão genuína, entender as necessidades e desejos do cliente são habilidades que transformam interações em relações duradouras.

3 **Comunicação persuasiva:** a eloquência de um vendedor não se mede apenas pelas palavras escolhidas, mas pela capacidade de usar a linguagem para inspirar ação e convicção nos outros.

4 **Adaptabilidade:** um bom vendedor é como um camaleão, adaptando-se às mudanças do mercado, às tendências emergentes e às personalidades diversas dos clientes.

5 **Visão estratégica:** o verdadeiro vendedor tem olhos de águia para o longo prazo, entendendo que cada venda é um passo em direção a um objetivo maior, uma peça de um quebra-cabeça expansivo.

6 **Persistência resiliente:** a resiliência é a armadura de um vendedor. A persistência, sua espada. Encarar rejeições como oportunidades de crescimento é o que diferencia um vendedor mediano de um extraordinário.

7 **Treinamento contínuo:** a excelência em vendas é fruto de um treinamento perene. Aperfeiçoar-se é uma jornada sem fim, em que cada dia traz a chance de se tornar um pouco mais hábil na arte de vender.

8 **Entusiasmo contagiante:** o entusiasmo de um vendedor é o combustível que acende a chama do interesse no cliente. Vender é, acima de tudo, uma performance que requer uma dose genuína de paixão.

9 **Integridade inabalável:** a confiança é a moeda mais valiosa no reino das vendas. Manter uma integridade inabalável constrói uma reputação irrefutável e fidelidade entre os clientes.

10 **Foco no relacionamento:** vender não é uma transação, é o início de um relacionamento. Focar-se em construir e nutrir essas relações é o que garante não apenas a recompra, mas também uma rede de defensores da marca.

Agora teremos uma atividade em nosso planner. Quero que você, no decorrer da próxima semana, preencha metas para atingir esses dez princípios. Se você já aplica todos, então escolha em quais deles você pode ser ainda melhor – porque sempre podemos melhorar – e preencha. Escolha apenas uma ação para conseguir alcançar o objetivo de cada princípio. O que você pode fazer hoje para conhecer melhor o seu produto? Ou o que você pode fazer hoje para aumentar o seu entusiasmo ou o entusiasmo de sua equipe? Vamos lá!

Conhecimento profundo

Empatia e conexão

Comunicação persuasiva

Adaptabilidade

Visão estratégica

Persistência resiliente

Treinamento contínuo

Entusiasmo contagiante

Integridade inabalável

Foco no relacionamento

O princípio de verticalização

A maior empresa do Brasil hoje são os microempreendedores. Toda empresa, quando nasce, quer vender para um cliente grande, mas isso é um grande equívoco, pois, quando ela consegue, fica escrava de um ou de poucos clientes. Desde o início eu sempre vendi para o cliente pequeno. O pequeno sempre foi o meu primeiro cliente. Por isso hoje a Cimed não tem dependência nenhuma de um só cliente. O meu maior cliente representa menos de 6% do meu faturamento. Lembra quando falamos sobre o poder de compra dos grandes clientes e suas características? Não ter um só cliente representando uma fatia muito importante do seu faturamento lhe permite uma maior flexibilidade para ações rápidas, alterações de catálogo e lançamento de novos produtos. Isso nos transformou em uma empresa nacional com mentalidade regional, e posso dizer que hoje somos verticalizados. O que significa isso dentro de nosso canal? Vou te contar uma história.

Nos anos 1990, eu tinha um cliente que representava 40% do meu negócio naquela época. Eu pensei: "Preciso aprender com esse cara". Quando eu cheguei lá, descobri que ele era um vendedor viajante: saía na segunda-feira de madrugada e voltava na sexta-feira à noite. Ele fazia uma rota grande, pegava todos os pedidos, e na sexta-feira ele passava os pedidos para nós e para os outros de quem comprava. Na outra semana se organizava para emitir os pedidos, aí demorava mais uma semana. Vi ali que ele vendia bastante, porque estava muito perto do cliente, mas o giro era demorado. E ali eu tive um insight: vou aproximar esse giro pra diminuir a curva de tempo de chegada da mercadoria para esse cliente. Aí eu comecei a fazer uma espécie de pronta-entrega para ele, e as vendas aumentaram muito.

Quando você começa a fazer viagens pelo Brasil, como fazíamos com esse sistema, uma coisa crucial do nosso país se mostra: a diferença de mentalidade em cada região. Costumo dizer que temos dez Brasis no Brasil. O cliente do Sul pensa diferente do cliente do Nordeste, do Norte, do Centro-Oeste. A gente vive muito a nossa bolha, o nosso entorno, mas quando você descobre isso, tem a possibilidade de regular o seu mix de produto, crédito-cobrança, tempo de entrega, tudo de acordo com a necessidade do seu cliente de cada região. Cada um tem a sua dor, e quando você é capaz de atender todas elas de maneira diferente o resultado estoura.

Hoje, fabricar é relativamente fácil. Fabricar e promover é a coisa mais fácil do mundo para quem já está no ramo. Agora, distribuir e vender é outra história, e a coisa complica muito. Se você analisar os grandes grupos do Brasil hoje, eles fazem a cadeia de verticalização. Começando pelo instituto de pesquisa e desenvolvimento, aí depois nós vamos pra parte de embalagem – setor em que nos tornamos autossuficientes –, a indústria – fabricação em si – e, por fim, a distribuição. Hoje temos domínio em toda essa cadeia, só não tenho a última ponta, que é o varejo, propositalmente, porque nós queremos crescer junto com o varejista, seja ele pequeno ou grande.

Se o varejo vai bem,
a indústria também,
não existe milagre.
**E o meu diferencial
é pensar como ele.**

AQUI É O MEU LUGAR – JOÃO ADIBE

Seja um replicador

As farmácias independentes são essenciais no Brasil e contribuíram significativamente para o crescimento da Cimed. Aprendemos muito com esses empreendedores, que gerenciam seus negócios do início ao fim. A Cimed iniciou suas atividades focando esse segmento.

O diferencial de vender para grandes redes é a grande capacidade de compra e estoque que elas possuem. Porém, estabelecer relações comerciais com as pequenas farmácias é mais desafiador por causa das limitações financeiras e de espaço que possuem. Superar essas dificuldades permite construir parcerias duradouras, em que nosso produto pode ser crucial para o sucesso delas.

Uma venda malsucedida para esse segmento pode prejudicar ambos os negócios devido à perda de capital de giro e aos estoques parados. Portanto, manter um relacionamento saudável e proveitoso é a chave. Nossa estratégia comercial se baseia em atender às necessidades desses pequenos varejistas, construindo relações fortes e um diálogo consistente.

Cresci trabalhando de perto com esses empreendedores e acredito na importância do engajamento e na força do trabalho em equipe para oferecer mais apoio aos vendedores autônomos. Daí surgiu o programa "Renove a sua Farmácia", com o objetivo de revitalizar algumas farmácias independentes, tornando-as mais atraentes, competitivas e lucrativas. Isso reflete nosso reconhecimento e gratidão aos pequenos empreendedores por sua contribuição ao nosso sucesso.

Infelizmente, não podemos renovar todas as farmácias do país, então estabelecemos um processo seletivo para escolher quais participarão do programa. Esse esforço destaca a importância das farmácias independentes na saúde pública brasileira, sendo fundamentais tanto para a prevenção quanto para o tratamento de doenças. Aí nascia o nosso efeito replicador.

O processo de verticalização da Cimed nos deu a oportunidade de aproximar as etapas do varejo, que é o grande desafio de toda cadeia. A indústria normalmente está distante do outro extremo, que é a venda, o balcão, principalmente desse varejista pequeno que mencionamos há pouco, e a marca fica no meio do caminho. Então, fiz diferente. Levando sempre a venda para o B2B – ou seja, vendendo primeiro para a farmácia, para a farmácia vender ao consumidor final –, trouxe a experiência da Cimed, o nosso jeito de fazer as coisas, para dentro da farmácia. Demos munição, conhecimento e capacitação para o atendente vender melhor o nosso produto. Tudo aqui que a indústria sabe – as características do medicamento, suas qualidades, aplicações e tudo mais – chega de forma direta, por nosso intermédio, ao farmacista e ao farmacêutico. O farmacista é o cara do balcão, aquele que faz o corpo a corpo com o cliente. Ele precisa conhecer e saber passar a informação da forma mais direta possível para o comprador. E quem vai dar isso para ele? A Cimed. Como ela vai fazer isso? Pegando a informação da indústria de forma direta, prática, para que ele entenda e possa repassar. No diagrama a seguir isso fica mais claro:

CADEIA DE VAREJO

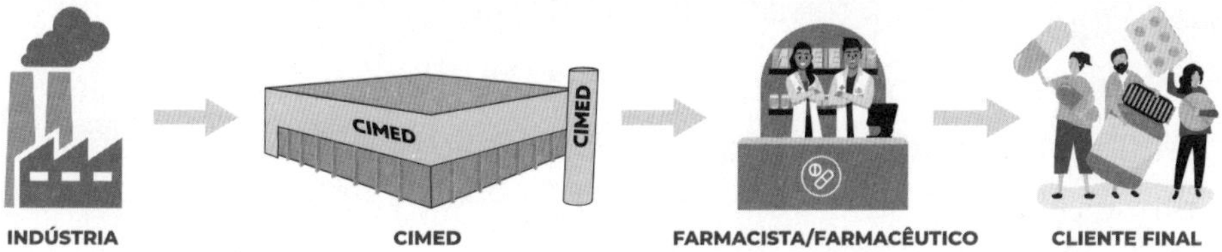

A formação é tudo na área de vendas. Como eu já disse antes, você precisa entender do seu produto e saber como ele funciona para vender. Assim como eu "batia pasta" e explicava os meus produtos, hoje tenho milhares de replicadores dos produtos de nossa empresa. Hoje, aproximadamente noventa mil farmácias abrem suas portas todos os dias no Brasil – as 24h nem precisam abrir, pois nunca fecham. Entre farmacêuticos e farmacistas, mais de 700 mil profissionais. Se eu replico para o meu time o que eu sei, o meu time replica para eles e eles replicam para o consumidor final, que inevitavelmente terá maior probabilidade de escolher o nosso produto com segurança.

Pensando nisso, nós criamos os Embaixadores da Cimed. Eu preciso ter os melhores profissionais trabalhando comigo. E como eu posso fazer isso? Dando conteúdo e estrutura para ele. Se o bom vendedor é aquele que encanta, nosso time, antes de qualquer coisa, precisa estar também encantado, afinal ele só pode passar algo que ele já tem. Todos nós só podemos oferecer aquilo que temos. O vendedor do futuro é o do *sell out*, o da ponta. No meu caso, é o farmacista, como já falamos. Ele é o cara que ensina o cliente. E a Cimed ensina, põe seus replicadores literalmente para estudar e, assim, capacita e mostra o caminho. Hoje temos uma plataforma disponível de prestação de serviço para os nossos representantes autônomos. Com um acesso pessoal, ele entra e tem, na palma da mão, todas as informações de que precisa. Além de se autocapacitar, ele acaba capacitando também o seu cliente, e isso vira um círculo virtuoso que só melhora a prática, a participação e a possibilidade da cadeia toda. Voltando aos embaixadores: escolhemos aqui quem são os replicadores da Cimed em cada região. Essa escolha considera alguns critérios internos, baseados em méritos do colaborador. Trazemos todos eles para São Paulo, em nossa sede – são pessoas de todos os 26 estados do Brasil –, e damos formação para eles nas seguintes áreas:

E depois disso, todos os meses temos encontros virtuais para saber qual a necessidade deles, para tirar dúvida e estabelecer essa conexão e apoio.

A partir dessa experiência, posso listar aqui as principais características de um vendedor replicador.

CARACTERÍSTICAS DE UM VENDEDOR REPLICADOR

1 **PRINCÍPIO DA RECIPROCIDADE**

As pessoas se sentem compelidas a retribuir o que recebem.

Aplicação prática: fornecemos aos balconistas informações valiosas, amostras grátis ou treinamentos exclusivos sem esperar nada em troca imediata. A longo prazo, isso pode incentivar a recomendação dos seus produtos.

2 **AUTORIDADE**

As pessoas tendem a seguir o conselho de especialistas.

Aplicação prática: estabeleça-se como um expert em produtos farmacêuticos. Use dados de estudos clínicos, endossos de profissionais de saúde renomados e sua própria expertise para construir credibilidade.

3

PROVA SOCIAL

Indivíduos são influenciados pelas ações e aprovações dos outros.

Aplicação prática: compartilhe histórias de sucesso e testemunhos de outros balconistas e clientes. Isso pode ajudar a construir confiança no produto, mostrando que outros já tiveram experiências positivas.

4

AFINIDADE

As pessoas são mais propensas a ser influenciadas por aqueles que gostam ou com quem se identificam.

Aplicação prática: desenvolvemos relações genuínas com os farmacêuticos e farmacistas. Demonstre interesse e compreensão pelos desafios e necessidades de seu cliente. A afinidade cria uma ponte para uma comunicação mais eficaz.

5

ESCASSEZ

O valor percebido de algo aumenta quando é visto como escasso.

Aplicação prática: destaque a exclusividade ou a disponibilidade limitada de produtos. Isso pode criar um senso de urgência, incentivando os seus clientes a agir rapidamente para não perderem a oportunidade.

6 COMPROMISSO E COERÊNCIA

Uma vez que as pessoas se comprometem com algo, elas tendem a agir de maneira consistente com esse compromisso.

Aplicação prática: encoraje os seus replicadores a fazer pequenos compromissos iniciais, como experimentar uma amostra ou assistir a uma apresentação do produto. Isso pode levá-los a compromissos maiores, como recomendar ou comprar o produto.

7 CONTRASTE

As pessoas avaliam opções com base no contraste entre elas, não em termos absolutos.

Aplicação prática: ao apresentar produtos, não destaque apenas o contraste entre o seu produto e os concorrentes, compare a situação atual do seu cliente e o benefício que ele terá com o seu produto. Faça-o entender o que será melhorado ao consumir aquilo, qual problema será resolvido.

Em nosso planner você poderá construir o seu próprio cronograma de aplicações práticas para o seu negócio. Pegue esses sete conceitos e, na aplicação prática, preencha suas ideias para aplicar em seu negócio e em sua realidade. Essa pode ser a virada de chave que você precisava para atingir resultados surpreendentes.

Lembre-se: ser um replicador é um círculo, você replica para o seu time, que replica para o B2B, que replica para o cliente que, por fim, replica para outras pessoas – o famoso boca a boca. Mas tudo começa dentro de casa.

> SEJA UM REPLICADOR DENTRO DO SEU TIME E **PASSE ESSE PRINCÍPIO ADIANTE.**

1

PRINCÍPIO DA RECIPROCIDADE

Aplicação prática:

2

AUTORIDADE

Aplicação prática:

3

PROVA SOCIAL

Aplicação prática:

4

AFINIDADE

Aplicação prática:

5 **ESCASSEZ**

Aplicação prática:

6 **COMPROMISSO E COERÊNCIA**

Aplicação prática:

7 **CONTRASTE**

Aplicação prática:

Técnica *push-to-pass*

Em 2010, a Stock Car adicionou o botão *push-to-pass*, tornando as corridas mais emocionantes. Os carros aceleravam mais, e os pilotos experientes faziam ultrapassagens eficientes. Esse botão melhorou as disputas ao aumentar a velocidade dos carros.

O *push-to-pass*, ou botão de ultrapassagem, ao ser pressionado, adiciona oitenta cavalos de potência, podendo os motores atingir até 520 cv. É uma grande vantagem para superar adversários.

O uso do *push-to-pass* não se limita à Stock Car. Encontra-se em áreas como eletricidade, com botões *push* para ligar e desligar conexões, e na internet, com tecnologia *push* para distribuir conteúdo online. O conceito visa melhorar o desempenho em diferentes áreas.

Em 2019, implementamos essa abordagem na Cimed, melhorando significativamente nosso desempenho comercial. Inspirei-me nos sucessos da Stock Car e criei um modelo de trabalho para nossa equipe de vendas. A estratégia foi um sucesso.

NOSSO PROCESSO *PUSH* DE VENDAS EM 6 PASSOS

1 **Planejamento:** antes de visitar clientes, nossos vendedores estudam os produtos e as necessidades dos clientes. Isso permite um atendimento personalizado, com propostas específicas.

2 **Aproximação:** é o momento de criar uma conexão inicial, trazendo boas notícias e estabelecendo uma comunicação próxima e pessoal com os clientes.

3 **Verificação:** nossos vendedores analisam o ambiente das farmácias, observam o fluxo de pessoas, a disposição das gôndolas e identificam os melhores lugares para posicionar nossos produtos, buscando visibilidade.

4 **Negociação:** os vendedores usam sua persuasão para destacar os benefícios dos produtos. Sucesso nesta fase requer confiança, conhecimento do portfólio e habilidades de comunicação.

5 **Fechamento:** é a conclusão da negociação. Os vendedores alinham as expectativas de compra, garantem a satisfação do cliente e preparam-se para a próxima visita, verificando as planilhas de atividades.

6 **Pós-venda:** após concluir uma venda, é hora de pensar na próxima oportunidade com esse cliente. Esta fase inclui avaliar o desempenho do vendedor, identificar pontos a melhorar e reconhecer qualidades a serem aproveitadas futuramente.

Adotamos os seis passos do Projeto *Push-to-pass* e eles foram essenciais para nosso treinamento de vendas e sucesso comercial, especialmente junto a pequenas farmácias. Essa estratégia fortaleceu nossa equipe, resultando em aumento real de faturamento graças a sua simplicidade e eficácia. Observamos um aumento de até 100% no desempenho dos vendedores, com um crescimento geral acima de 70%.

Anteriormente, focávamos as vendas baseadas em prazos de pagamento e descontos. Com o tempo, percebemos a necessidade de evoluir, adotando processos que garantem crescimento consistente. A mudança foi desafiadora devido à nossa cultura empresarial familiar. A gestão das vendas foi temporariamente delegada a executivos.

A reintrodução de práticas de venda alinhadas ao nosso DNA resultou em um rápido aumento dos resultados. A disciplina se mostrou fundamental; sem ela, os vendedores não alcançam sucesso. A implementação da cultura *push-to-pass* exigiu adaptação em todos os níveis da equipe, desde diretores até supervisores. Conseguimos alinhar todos ao processo, melhorando nosso desempenho e solucionando desafios.

O automobilismo e a área de vendas têm mais em comum do que você imagina. Como já atuei nas duas áreas – piloto e vendedor – posso dizer isso com segurança. Na pista, quanto mais você treina, mais preparado estará para as adversidades que a prova pode apresentar; para vender é o mesmo: quanto mais treina, mais vende, quanto mais lança, mais vende. Mas nos dois o planejamento é o início de tudo. Eu estabeleci como regra número um na empresa a "ideia no papel". Teve uma ideia, coloca no papel. Mas lembre-se: o papel aceita tudo, a prática não. Assim como no treino podemos fazer tudo, inclusive errar, mas na prova não. Na hora da corrida, um pequeno erro de milésimos de segundo faz você jogar fora uma corrida de horas. Então, mais do que simplesmente colocar no papel, é preciso colocar a ideia em prática de maneira sustentável. Tudo começa no papel e termina no resultado. Simples assim.

– ADIBE MARQUES, DIRETOR DE VENDAS DA CIMED
E SUCESSOR DE JOÃO ADIBE MARQUES

A DISCIPLINA É FUNDAMENTAL; SEM ELA, O VENDEDOR NÃO ALCANÇA O SUCESSO.

1 **PLANEJAMENTO**

2 **APROXIMAÇÃO**

3 **VERIFICAÇÃO**

4 NEGOCIAÇÃO

5 FECHAMENTO

6 PÓS-VENDA

2

PARTE 2

MARKETING E GESTÃO DE PESSOAS

Não seja o vendedor QSP

QSP é igual a: quantidade suficiente, para. Bateu a meta – que aqui chamamos de cota –, ele para de trabalhar, de vender, de gerar resultado. Você é um vendedor assim ou tem alguém assim no seu time? Está na hora de mudar.

Na Cimed, quem não vende, ajuda a vender. Não existe nenhuma empresa que não faça vendas. Se não vender, a empresa acaba. Ao abrir a porta do seu estabelecimento, escritório ou qualquer coisa, independentemente do seu ramo, precisa ter alguém vendendo algo, seja produto, serviço, uma ideia, uma imagem, enfim, qualquer coisa. Todos estamos vendendo algo o tempo todo. Sabendo disso, a meta deve ser sempre de alta performance. Se você bate os 100%, isso só dá pra cumprir o orçamento e manter tudo do jeito que está, certo? O seu 100% de venda só serve para manter o seu emprego, o meu emprego e todas as coisas funcionando da mesma maneira. O que, então, fará a diferença, a alta performance, a superação e a prosperidade real de todo o time? A supercota. E você, dono do negócio, não use isso para ganhar sozinho. A prosperidade só tem sentido quando todo mundo ganha. Ou seja, quanto mais vende, mais ganha. Simples assim. Quer ter um time engajado, que esteja ao seu lado e seja realizador? Aplique o conceito de supercota.

O verdadeiro líder é o Waze da equipe de vendas e de todo o time. Ele dá a direção. O seu exemplo é o destino no Waze, assim como também será a cota e a supercota. Mostrou um destino: ele vai chegar lá. Mostrou outro destino: ele também vai chegar. Você precisa ser o primeiro a acreditar no seu time e, como já falamos aqui, dar ferramentas para ele chegar lá. De que adianta ter o destino, mas não ter o carro pra chegar? A pé demorará muito mais; de bicicleta, um pouco menos, mas já melhorou. De carro, você fará mil vezes mais rápido.

Assim como o esportista de alto rendimento tem um técnico para estabelecer sua rotina, seu ritual e todo o seu roteiro, o líder deve fazer isso com o seu time. Hoje nós temos um método de encontros semanais, em que reunimos uma média de 1.500 pessoas, às 6h30 da manhã, para falarmos sobre as nossas rotas. O olho no olho muda tudo. Cada colaborador tem seu acesso e, mesmo sem ter a obrigação de entrar, nós temos um engajamento de 90%. Impressionante, certo? Bom, se eu não estivesse lá todas as semanas também não acreditaria, mas sentimos na pele o poder da relação pessoal e da liderança que trabalha junto, dá ferramentas e divide a sua prosperidade acima de qualquer outra coisa.

O líder é aquele que inspira. O líder é aquele que chama o time na hora da derrota e na hora da vitória. Não adianta só comemorar a vitória, porque a derrota normalmente é o resultado de uma desconexão de equipe. Na Cimed a gente não perde, a gente corrige. Quando você está conectado semanalmente, qualquer erro durará, no máximo, uma semana. Então pensa assim: erra rápido, corrige rápido, vence rápido. Mas isso só é possível com um alto nível de conexão entre liderança e time.

As pessoas que se sentem acolhidas por uma liderança podem alcançar o impossível. A liderança é aquela que inspira. Não é meu, é nosso. Quem fala no "meu" não sabe dividir e não sabe trabalhar em equipe. Eu gosto de falar no "nosso": nossa Cimed, nosso avião, nosso caminhão, nossa máquina, nossa família. Juntos somos mais fortes. Eu sozinho não faço nada. Pessoas que não conectam jamais alcançarão resultados grandiosos, sejam eles cotas, supercotas ou qualquer outra coisa. Se a cota é só minha, você não vai querer alcançar, mas se ela é de todos, porque todos ganham, aí tudo muda.

Você para quando bate a cota? O **100% é suficiente para você e para o seu time?** Prepare-se: o seu negócio tem prazo de validade.

AQUI É O MEU LUGAR – JOÃO ADIBE

O poder da influência: o *turnover* é culpa sua

Até 2019 nós tínhamos uma rotatividade altíssima em alguns cargos da empresa. As pessoas trabalhavam pouco tempo na empresa. O próprio cargo de diretor de RH tinha um *turnover* altíssimo, pois ninguém ficava lá mais do que seis meses. A maioria dos empresários em crescimento hoje se preocupa com pessoas. E isso estava me preocupando. Quando o sexto diretor de RH saiu, eu olhei pra minha irmã e falei: "Acho que nós somos o problema. Não é possível que nós estejamos certos e todo mundo esteja errado. Já parou para pensar que pode ser nossa culpa essa rotatividade alta?".

O meu sangue amarelo, como costumo chamar, estava muito conectado ao universo das vendas no início. E é natural – acontece em muitas empresas – que a equipe comercial critique as outras, principalmente o RH. A conta é simples: um é visto como lucro, o outro como gasto. Mas, na prática, não é tão simples, afinal, se um não complementar o outro, a venda também não acontecerá. Vou repetir então: quem não vende precisa ajudar quem vende a vender. Percebe que isso muda tudo?

Lá estávamos, então, minha irmã e eu e tivemos uma ideia: por seis meses deixaríamos o RH na mão dos outros diretores, que tanto criticavam aquela posição, e iríamos, juntos, nós dois e os diretos, entender o processo, e aí, ao final desse período, definir o que a gente faria.

Foi quando conheci o famoso *turnover*. Essa métrica mede qual a rotatividade de demissões e contratações de sua empresa. Vamos entender esse conceito:

Turnover, *cuja tradução em português é rotatividade, é um dos principais indicadores da área de Recursos Humanos, dentro do contexto das organizações. Ele mede a quantidade de colaboradores que pedem demissão ou são desligados dentro de um período.*

Se no passado eram as organizações que escolhiam quais profissionais gostariam de contratar para seu quadro de funcionários, hoje cada vez mais são os profissionais que decidem se querem ou não se juntar a uma empresa e vários fatores são determinantes para essa tomada de decisão.

Costumo dizer que a escolha de contratar ou se juntar a uma organização é como um casamento. Ele pode até não durar para sempre, mas não dá para, na largada, não se ter certeza (de ambos os lados) desse novo passo que está sendo dado.

Por isso a importância de a empresa medir esse indicador mensalmente, para que possamos identificar as causas raízes que fazem com que um colaborador tome a decisão de pedido de demissão (voluntário) ou do empregador em desligar um colaborador (involuntário). Uma vez identificada a causa raiz, se torna mais importante ainda atuar rapidamente nos planos de ação.

Verônica Coelho, diretora de RH do grupo Cimed

Existem basicamente dois tipos de *turnover*: o voluntário e o involuntário. O *turnover* voluntário acontece quando o empregado decide deixar a empresa por iniciativa própria, seja por ter encontrado uma nova oportunidade de emprego, por insatisfação com o cargo atual ou por motivos pessoais. Já o *turnover* involuntário ocorre quando a empresa decide dispensar o empregado, seja por motivos de desempenho, reestruturação interna ou por outras razões.

O *turnover* é um indicador importante para o departamento de RH por várias razões:

Custos: a substituição de funcionários pode ser cara para as empresas. Isso inclui custos com recrutamento, seleção, treinamento e tempo para que o novo empregado atinja a produtividade esperada.

Impacto na produtividade: a saída frequente de funcionários pode levar à perda de conhecimento e experiência, afetando a produtividade e a continuidade dos projetos.

Clima organizacional: um alto índice de *turnover* pode impactar negativamente o clima organizacional, causando incerteza e insatisfação entre os empregados remanescentes.

Qualidade: a perda constante de talentos pode afetar a qualidade dos produtos ou serviços oferecidos pela empresa.

Por esses motivos, muitas empresas buscam estratégias para reduzir o *turnover*, como melhorias nas condições de trabalho, programas de desenvolvimento profissional, benefícios adicionais e ações que visam aumentar a satisfação e o engajamento dos empregados. Entender as causas do *turnover* e trabalhar para mitigá-las é uma função crucial dos departamentos de RH para garantir a estabilidade e o crescimento sustentável da organização.

Em resumo, se o seu *turnover* está acima de 5%, você tem problemas. E ele nada mais é do que um retrato da desconexão do líder com o seu time. Conseguiu perceber isso lendo as definições anteriores? Se alguém entra na empresa e não fica, está desconectado. E essa desconexão cria todos esses problemas.

E aí, lá em nossa estratégia de olhar para dentro do RH – já que não tínhamos um diretor novo pra isso –, aquelas reuniões que pareciam perda de tempo para todo mundo passaram a ser uma maneira de ganhar tempo. A visão antiga era: "Puxa, mais uma reunião para discutir vale-alimentação, que saco" passou a ser uma visão nova, totalmente modificada; mais ou menos assim: "Gente, o que todos nós podemos ter para melhorar a nossa produtividade? O que você precisa, departamento de vendas? E vocês, equipe de estoque?". E começamos do mais básico até o mais complicado. "Vamos revisitar todas as áreas." Portaria da empresa: "Catraca, cartão de acesso, entrada. Como está, como funciona, o que pode melhorar?". Eu pessoalmente fui para dentro do vestiário para ver as condições. Não adianta a gente querer ser grande, maior, melhor, se a gente não tem um banheiro da melhor qualidade. O brasileiro é limpo, não importa classe social, cargo ou histórico pessoal: aonde você chega, procura um lugar limpo, organizado, sem lixo acumulado. E seguimos com um verdadeiro rastreamento. Banheiro ok. Aí, uma pessoa de nossa equipe questionou em uma dessas reuniões: "Qual é a porcentagem de mulheres em nossa empresa?". Mais de 50%. E nós temos absorvente para elas no banheiro feminino? Não. Então vamos ter agora! Incrivelmente, com essa simples ação, o consumo de papel higiênico diminuiu drasticamente. A partir do atendimento de uma necessidade básica, conseguimos ainda baixar custo, mesmo isso não sendo a ideia inicial.

E assim seguimos. Uniforme, qualidade de equipamentos, sapatos para a linha de produção, a cadeira em que todo mundo se sentava nos escritórios, o refeitório, o tempo de fila. Com tudo organizado, aquilo virou uma máquina! Uma potência. Agora temos condições para sermos os melhores, porque tudo começou aqui dentro. Isso era o básico, não fizemos nada além do óbvio, mas é esse óbvio que normalmente insistimos em ignorar. O óbvio só é óbvio para quem sabe.

Nesses seis meses, o RH deixou de ser um problema e passou a ser a solução para todos. E aí chegou uma pessoa para ser, então, a nova diretora de RH. Após eu contar sobre a rotatividade e tudo o que fizemos, ela me olhou e disse: "João, eu vou ser a última. Seu problema de *turnover* acabou. Mas você tem que me deixar trabalhar. Você resolveu o problema básico, mas tem um problema cultural. Eu quero trocar 50% dos seus diretores. Está preparado para isso?". E ali tudo mudou. Verônica foi responsável por iniciar a revolução.

Ali aprendi que a cultura da empresa começa no seu líder. Depois, nos diretores, seguindo para os gerentes, e isso vai passando e reverberando a cada camada da estrutura da empresa. Começamos a implementação. Veja: a partir de uma pessoa extremamente competente, eu mudei a minha mentalidade e ali foi um efeito cascata. Percebe a importância das pessoas e da influência?

Com 50% da diretoria trocada, algo que parecia impossível começou a funcionar. A transformação dói, mas o resultado surpreende.

E qual é a nossa cultura hoje? Quando alguém diz: "Ah, isso é impossível?", a resposta de quem está dentro da Cimed é: "Ótimo, **traz pra cá, então, e a gente faz".**

AQUI É O MEU LUGAR – JOÃO ADIBE

Método para contratação eficaz

Estruturamos um método básico de contratação de novos talentos para a sua empresa que enfatiza a importância de alinhar habilidades, motivações e o perfil comportamental dos candidatos com os valores e as necessidades da organização. Mas lembre-se: antes de começar você precisa saber o que você quer, estar engajado com o seu time – isso vale se você for dono, diretor, gerente, coordenador ou qualquer outro cargo que precise contratar pessoas. A lógica é a mesma – e saber que criar conexão é o primeiro passo para uma contratação de sucesso. O método proposto a seguir é estruturado em etapas para facilitar a identificação, atração e seleção de talentos que possam gerar resultados significativos para qualquer empresa.

1 DEFINIÇÃO DO PERFIL DESEJADO

Análise de necessidades: identifique as necessidades específicas da posição, incluindo habilidades técnicas e competências comportamentais.

Valores da empresa: reforce os valores e a cultura da empresa para assegurar a busca por candidatos que compartilhem desses princípios.

Perfil comportamental: defina o perfil comportamental ideal, considerando as motivações e as atitudes que contribuem para o sucesso no cargo.

2 ATRAÇÃO DE TALENTOS

Divulgação estratégica: utilize canais de divulgação alinhados com o perfil do candidato desejado, incluindo redes sociais profissionais, universidades e comunidades específicas.

Proposta de valor: comunique claramente a proposta de valor para o empregado, destacando oportunidades de desenvolvimento, cultura da empresa e benefícios.

3 PROCESSO SELETIVO

Triagem inicial: realize uma triagem inicial baseada em currículo e carta de apresentação, focando-se em experiência relevante e alinhamento com os valores da empresa.

Entrevistas comportamentais: aplique entrevistas comportamentais para avaliar como as experiências passadas do candidato se alinham com as competências necessárias para a vaga.

Testes de perfil: utilize testes de perfil comportamental e habilidades específicas para confirmar as impressões iniciais e entender melhor as motivações do candidato.

Desafios práticos: proponha desafios práticos ou estudos de caso relacionados à posição para avaliar a capacidade de solução de problemas e a aplicação de conhecimento técnico.

4 AVALIAÇÃO E DECISÃO

Feedback colaborativo: inclua múltiplos avaliadores no processo de entrevista e decisão para obter perspectivas diversas.

Alinhamento de expectativas: certifique-se de que as expectativas de ambas as partes, tanto da empresa quanto do candidato, estejam alinhadas em termos de responsabilidades, crescimento de carreira e cultura de trabalho.

Decisão baseada em dados: faça a decisão final baseando-se em dados coletados durante o processo seletivo, priorizando o alinhamento entre as necessidades da empresa e as características do candidato.

5 INTEGRAÇÃO E DESENVOLVIMENTO

Programa de integração: desenvolva um programa de integração que ajude o novo talento a compreender a cultura da empresa, sua estrutura e seus processos.

Plano de desenvolvimento: estabeleça um plano de desenvolvimento individualizado, focado no crescimento de longo prazo do empregado dentro da empresa.

Esse método de contratação é projetado para garantir um alinhamento profundo entre os novos talentos e os objetivos estratégicos da empresa, promovendo um ambiente de trabalho produtivo e engajado. Adotar uma abordagem estruturada e baseada em valores maximiza as chances de sucesso tanto para o empregado quanto para a organização.

> *Os três princípios essenciais*
> *da contratação eficaz são:*
>
> *1. Ter a clareza do perfil (técnico e comportamental) que atende as necessidades da posição/área/empresa é de suma importância para uma busca assertiva do time de recrutamento e seleção;*
>
> *2. Sempre que possível, envolver partes interessadas (pode ser um par, cliente interno, entre outros) para que a decisão colegiada seja tomada olhando todas as perspectivas, principalmente a de aderência à cultura.*
>
> *3. E por último, mas não menos importante: na dúvida, não contrate. Não caia na armadilha de colocar qualquer profissional para dentro da empresa por causa do desespero ou pressão para o fechamento da posição. Contratar tem um custo, contratar errado tem um custo maior ainda, custos tangíveis e intangíveis.*
>
> VERÔNICA COELHO

Agora, o nosso planner disponibilizará a seguir um questionário e uma planilha que podem ser usados no momento do recrutamento. Você ou o seu time podem utilizar este livro na hora da contratação e ir preenchendo-os. No QR code ao lado você também pode imprimir e usar a tabela de forma isolada quantas vezes quiser. É possível obter as respostas dos candidatos por meio de uma entrevista direta, na qual você fará essas perguntas para ele, ou então como um questionário escrito. A escolha é sua.

QUESTIONÁRIO

PROPÓSITO E VISÃO

O que te chama mais atenção para trabalhar na Cimed?

O que já ouviu falar sobre a Cimed?

Baseado em propósito, por que faz sentido para você trabalhar na Cimed?

ACREDITAR NO IMPOSSÍVEL

Resgate um momento de inovação que tenha sugerido na sua área e os resultados obtidos.

Como é sua atuação frente a várias demandas ao mesmo tempo? Como você se organiza? Traga situações vivenciadas!

Conte um processo desafiador em que você tenha tido um resultado diferente do esperado, voltado para inovação/melhorias.

AGILIDADE E VELOCIDADE

Conte um momento em que o resultado atingido não foi o esperado: como você lidou.

Relate uma situação na qual você teve que entregar uma demanda que não estava programada.

Resgate, por favor, um momento em que você estava atuando com mais de uma demanda/projetos simultaneamente.

EMPREENDEDOR

Conte alguma situação na qual você teve que influenciar seus colegas, de modo a atender às necessidades do negócio.

Conte um projeto que gerou bom resultado para você e a empresa.

Conte uma situação em que você teve uma demanda para entregar em prazo curto e como lidou com essa situação.

HUMILDADE

Conte, por favor, a última vez que você aprendeu algo com um colega de equipe.

Conte uma situação em que você reconheceu um erro e como você agiu.

Conte uma contribuição ou ajuda que você deu para alguma pessoa de função mais simples na sua última empresa.

PROTAGONISTA

Relate uma situação inesperada e como você reagiu.

Descreva uma situação em que você assumiu uma responsabilidade por uma tarefa que não fazia parte das suas atribuições.

Qual foi seu papel no último projeto em que atuou?

COMPROMETIMENTO

Na Cimed temos momentos em que participamos de ações, situações esporádicas. Você já vivenciou momentos assim? Conte como foi.

Relate um momento em que o ambiente era muito controlado (regras e procedimentos) e como você se sentia.

Relate uma situação em que as prioridades da entrega mudavam com frequência. Como foi para você?

MELHORIA CONTÍNUA

Conte uma situação que tenha modificado alguma rotina ou processo. E qual foi o resultado da ação?

Cite um exemplo do qual você foi protagonista e que resultou na melhoria de algum processo.

Relate uma situação em que a partir da sua sugestão houve um ganho de produtividade.

No seu trabalho você utiliza alguma metodologia de melhoria contínua? Relate como é aplicada e quais os ganhos obtidos.

PLANEJAMENTO E ORGANIZAÇÃO

Quando você iniciou sua carreira, o que tinha traçado como objetivo? E o que você fez para atingir essa meta?

Como você se organiza para garantir suas entregas?

Descreva um momento de grande demanda e como você definiu suas prioridades.

COMUNICAÇÃO CLARA

Conte uma situação em que precisou passar uma mesma mensagem para profissionais de níveis diferentes.

Conte uma situação em que houve falha de comunicação da sua parte e como você solucionou o problema causado.

Conte uma situação em que você precisou aplicar um feedback negativo para alguém da equipe.

COLABORAR

Conte uma situação em que você ofereceu ajuda para solucionar um problema difícil e como foi.

Conte um projeto no qual você teve interface com outras áreas e qual foi sua contribuição.

Relate um projeto que envolvia outras áreas e que não tinha muitos recursos.

AUTONOMIA

Qual foi a decisão mais difícil que precisou tomar e como chegou a essa conclusão?

Conte uma situação em que precisou sair da sua zona de conforto e como foi para você.

Qual o maior risco que você correu numa decisão que teve que tomar sozinho?

DESENVOLVIMENTO PROFISSIONAL

O que você tem feito para se desenvolver na sua posição atual?

Qual foi o passo mais importante para o seu autodesenvolvimento?

O que você havia projetado para sua carreira? O que foi atingido e o que você ainda quer atingir?

ATENÇÃO AO CLIENTE

Cite um exemplo ou momento em que precisou fidelizar algum cliente interno ou externo.

Conte algum feedback espontâneo que tenha recebido de algum cliente interno ou externo.

Relate uma situação em que você precisou lidar com um cliente difícil. E como foi sua condução?

CUIDADO COM COLABORADOR

Traga uma situação em que você teve incompatibilidade com algum colega de trabalho e como você solucionou a situação.

Como você agiu em um ambiente de trabalho com pessoas desmotivadas?

Conte a estratégia que usou para melhorar o clima negativo no ambiente de trabalho.

LIDERANÇA

Quais ações você já utilizou para motivar a equipe?

Relate uma situação na qual a meta a ser alcançada era "difícil" e como motivou o time para alcançar o objetivo.

Conte uma situação de conflito no time e como você a administrou.

FOCO NO CONSUMIDOR

Conte sobre um conflito que você administrou com clientes internos.

Você já pesquisou a satisfação de clientes para melhor atendê-los? Conte como foi.

Como em sua cadeira você pode contribuir com a qualidade do produto para o cliente final?

Conte uma situação em que você precisou contribuir com a qualidade do produto para o cliente final.

Este questionário deve ser utilizado como uma ferramenta para aprofundar o entendimento do recrutador sobre cada candidato, permitindo uma avaliação mais precisa e abrangente. Adaptações podem ser necessárias para alinhar as perguntas com a cultura específica da empresa e as particularidades da vaga oferecida. No QR code você também terá uma versão em que é possível reescrever as perguntas, assim você pode adequar, diminuir ou aumentá-las para obter o melhor resultado em cada contratação.

O case Carmed

Em uma das muitas visitas que faço aos nossos clientes – sim, até hoje eu faço questão de encontrar nossos clientes varejistas, conhecer suas farmácias, ver o nosso produto no ponto de venda. Nada substitui o cara a cara –, ao sair de uma sala de reuniões, um rapaz em outra sala acenou para mim com a mão. Não o reconheci, mas pensei: "Vou responder, devo conhecer, só não estou me lembrando agora". Imediatamente, ele levantou da cadeira, saiu da sala com uma confiança admirável e me cumprimentou. Obviamente, eu respondi ao cara: "Como vai, tudo bem?". "Tudo ótimo, e com você?". Ele seguiu: "João, você não me conhece, mas eu sou muito seu fã e também trabalho com vendas". Respondi: "Que legal, meu amigo! Muito obrigado. O que você faz?". "Eu trabalho com as balas Fini." Ele seguiu: "Cara, a gente quer entrar no canal farmacêutico, ter os nossos produtos nas farmácias, mas não temos a força de distribuição que a Cimed tem. Acha que podemos fazer uma parceria?". Minha gerente comercial estava comigo, então pedi a ela para deixar um contato da equipe com ele. No primeiro momento eu pensei: "Olha, achei esse cara meio folgado. Eu agora vou ser distribuidor dele? A gente não faz isso, o que será que ele está pensando?". Mas, ao mesmo tempo, fiquei impressionado com a atitude dele. Como eu disse, a confiança estava lá em cima. Ele me viu de longe, me parou, chegou com a ideia, me falou em poucos minutos e conseguiu um contato. Isso não é para qualquer um. Aquilo ficou na minha mente.

Aquilo passou. Algumas semanas depois, vários assuntos para resolver e outros tantos na minha cabeça, estou eu passando pelos corredores de nosso escritório – as salas são abertas, com paredes de vidro –, olho para dentro de uma sala e lá está o tal rapaz. Aquele mesmo. Dentro da Cimed, com uma de nossas equipes toda reunida o ouvindo. Olhei por cima, na apresentação que estava sendo projetada tinha a imagem de um esmalte Colorama e de uma bala Fini. Olhei e pensei: "É o cara de atitude. Vou lá ouvir".

No momento que eu entrei, ele rapidamente deu o histórico do negócio deles – eu nem sabia que a Fini era uma empresa espanhola, você sabia? – e prosseguiu mostrando alguns exemplos de collabs que eles fizeram com outras marcas. Ou seja, em um primeiro momento pensei apenas que ele queria trabalhar conosco para distribuir os produtos dele nas farmácias, mas na verdade a ideia era muito maior – e melhor – do que isso. Eu perguntei: "Quais são os que mais vendem?". Ele respondeu: "O beijo, a dentadura e a bananinha". Naquele instante a minha ficha caiu: isso vai vender com força nas farmácias.

Se você tem filhos, com certeza já sabe o que eu vou dizer agora. Se não tem, pergunte para alguém próximo que tenha. Toda vez que você vai com os seus filhos ao supermercado eles olham aquelas balas e já vão pegando ou dizendo: "Eu quero, eu quero". E o que os pais fazem? Compram.

Enquanto essa cena passava na minha mente, ele abriu um saco na sala e aquele cheiro tomou conta de tudo. Impressionante como aquele cheiro é bom! Naquele momento, com a equipe extasiada com o cheiro e comendo as balinhas, ele me diz: "Então, minha ideia é a seguinte: qual produto vocês têm aí disponível no qual poderíamos colocar esse cheiro ou sabor? Nós desenvolvemos esses aromas artificiais e podemos colocar em qualquer produto. Essa é uma maneira fantástica de entrarmos no canal farmacêutico e aproveitarmos para ter um produto exclusivo. O que acham?".

Em cima da mesa – eu ando sempre com o meu no bolso – eu tinha colocado o nosso Carmed de cereja (Carmed é o nosso hidratante labial) e eu perguntei: "Amigo, você consegue colocar esses aromas aqui?". Ele disse: "Consigo!".

Fechamos a parceria na hora e começamos a testar na indústria para criar o melhor produto possível. Quando recebi em minha sala o produto teste, abri o pote e o cheiro, de novo, tomou conta de tudo. Era maravilhoso, naquela cor vermelha, então, um espetáculo. Começamos o plano de negócios:

TAMANHO DA CATEGORIA	COTA DE MERCADO DO LÍDER DA CATEGORIA	VENDA DO CARMED NA ÉPOCA	COTA DE MERCADO DA CIMED NO SEGMENTO
1 MILHÃO DE UNIDADES VENDIDAS/MÊS	**70%** DO MERCADO	ENTRE **100** E **120** MIL UNIDADES/MÊS	**12%** DO MERCADO

Olhei para o time e decidimos fazer trezentas mil unidades para ter cobertura para o lançamento do produto e não faltar, e tomamos a seguinte decisão: ele seria lançado em nossa convenção de vendedores que estava próxima. A estratégia seria:

- Equipe de marketing da Fini monta um kit para presentear cada vendedor, todos terão acesso ao produto – lembre-se: vendedor bom conhece e tem os seus produtos;

- Eu apresento no palco o novo produto, precificação, estratégia de colocação;

- Equipe de marketing desenvolve materiais para divulgação do produto no ponto de venda;

- A mesma equipe planeja alguma ação digital para esse produto, mas ainda embrionária (falarei desse tópico em específico daqui a pouco, aguardem!).

Fizemos o nosso agito, aquele que é de costume de nossa equipe e de nossos eventos. Quem conhece, sabe do que eu estou falando. É o modo sangue amarelo de fazer as coisas (se você não sabe, acesse com o seu celular o QR code ao lado e assista a uma prévia). Passada a convenção, a equipe de vendedores está lá, ultramotivada e bombando o nosso produto novo. Um de nossos grandes clientes pegou uma das amostras que um de nossos vendedores lhe deu, levou pra casa e a filha usou. Ela só falava naquilo todos os dias. Ele ligou para o nosso vendedor e disse: "Quanto tempo você precisa para me entregar? Esse produto pode ser uma oportunidade".

Quando meu vendedor falou com a gente, vimos que era realmente uma grande oportunidade. Fechamos uma exclusividade para o lançamento do produto com esse cliente e seguimos. Dois dias para o fechamento do mês, esse mesmo vendedor liga diretamente para mim e fala: "João, sabe aquele cliente que a filha experimentou o Carmed? Ele acabou de me ligar perguntando quanto temos em estoque porque ele quer comprar tudo!". No primeiro momento, admito, desconfiei e perguntei: "É sério? Mas quanto você deu de desconto pra ele? Que prazo prometeu? Se você prometeu algo impossível ou se esse cara devolver o produto daqui a poucos meses, prepare-se, porque a coisa ficará feia para o seu lado". Ele respondeu: "João, pode confiar, você vai ver, esse produto vai estourar!".

E assim foi feito. Em poucos dias, eu tinha uma viagem marcada para a Coreia, a trabalho. Iríamos conhecer produtos, entender mercado, pesquisar tendências, essas coisas. Quando as amostras chegaram, a Lívia, esposa do meu filho, fez um vídeo mostrando o produto no TikTok. Ela é desse universo digital, já trabalhava nas redes sociais e tinha familiaridade com aquilo. O vídeo começou a viralizar. Todo mundo começou a procurar o produto, replicar na internet e a coisa tomou uma proporção gigante. O tipo de coisa que só o digital é capaz de fazer. Mas tínhamos um problema: vendemos o estoque todo para um só cliente, lembram? Até aí tudo bem, mas como eu não esperava esse estouro, deixei os outros vendedores continuarem apresentando para os seus clientes e retirando pedidos, mesmo sem termos para entregar ainda. Foi uma doideira!

Por fim, conseguimos segurar os prazos, mandar produzir mais em tempo recorde, várias outras influenciadoras fizeram publicidade de nosso produto, já que agora a nossa equipe de marketing colocou em prática aquela ideia inicial de fazer algo no digital graças ao vídeo de TikTok feito pela Lívia, e hoje este é o cenário do segmento:

TAMANHO DA CATEGORIA	COTA DE MERCADO DO LÍDER DA CATEGORIA	VENDA DO CARMED NA ÉPOCA
5 MILHÕES DE UNIDADES VENDIDAS/MÊS	**65%** DO MERCADO (AGORA NÓS SOMOS LÍDERES DO SEGMENTO)	**4 MILHÕES** DE UNIDADES VENDIDAS/MÊS

Esse resultado foi atingido em pouco mais de quatro meses de exposição dele no mercado.

AGORA QUERO DESTACAR AQUI AS LIÇÕES QUE PODEMOS RETIRAR DESSA HISTÓRIA

1 **Não roube espaço da concorrência, crie novos:** nós aumentamos o segmento de 1 para 5 milhões de unidades vendidas. Melhoramos o faturamento das farmácias, demos produto, condição e propaganda para eles venderem mais e ainda ajudamos a concorrência a também prosperar, já que, com um segmento maior, tem mais espaço para todos. Agora somos pouco mais de 60% de um mercado de cinco milhões, sendo que antigamente o líder tinha 70% de um mercado de um milhão, ou seja, menor e mais concentrado, ruim para todo mundo.

2 **Escute as pessoas e o seu cliente:** se eu não visitasse as farmácias e se eu não parasse para falar com aquele vendedor nato da Fini, eu dificilmente teria desenvolvido o Carmed. Claro que muita coisa saiu de dentro da própria Cimed, mas a centelha, não tenha dúvida, foi a atitude daquele vendedor. Lembre-se: o destino acontece quando a preparação encontra a oportunidade. Nunca se esqueça! A porta da oportunidade vai se abrir para cada um de vocês várias vezes, mas você precisa perceber e estar preparado.

3 **Planeje e mude de rota rapidamente quando necessário:** nós fizemos um plano de lançamento para o produto e acreditávamos nele. Mas, ainda assim, fomos surpreendidos por aquele estouro inicial de vendas e pela atitude de nosso cliente. Quando isso acontecer, não se apavore: abrace a oportunidade, faça o seu melhor e elabore novos planos rapidamente. Para isso, é ideal ter uma equipe preparada e engajada para fazer a movimentação rápida. Nessa hora você precisa agir como um tubarão: rápido e eficaz, preciso. E não deixar a atitude de "empresa baleia" tomar conta, que é aquela enorme que demora pra mudar de rota e se movimentar.

Foi um hidratante labial o responsável por colocar a Cimed em evidência no mercado em 2023, uma empresa de 43 anos de história. Nós furamos a bolha que nos limitava ao público específico e conseguimos uma ascensão entre os mais jovens com um produto que acabou se tornando o mais popular de nosso catálogo.

O hidratante labial já era comercializado nas versões tradicionais, com ácido hialurônico, de menta, cereja e até maçã do amor. Mas os sabores da bala mudaram o jogo. Explodimos no TikTok. Os usuários compravam o hidratante labial e faziam resenhas na plataforma. Naquele momento, ele virou um objeto de desejo, já que nem todo mundo conseguia colocar as mãos no cosmético, como o João já contou aqui. Ele estava constantemente esgotado nas prateleiras das farmácias. A ação com as atrizes e influenciadoras Larissa Manoela e Maisa permitiu um feito inédito no país: em uma live-commerce, em vinte minutos faturamos R$ 40 milhões. Isso nunca aconteceu nesse segmento. Fizemos história.

ERICH SHIBATA, DIRETOR DE CRIAÇÃO E BRANDING DA CIMED

Vou deixar aqui, em nosso planner, um método para criação de planos de negócio para lançamentos de novos produtos. Ele está aqui e no QR code em formato digital, ainda mais customizável, para se adequar e se encaixar ao seu negócio e produto como uma luva.

Já falei anteriormente sobre os Brasis dentro do Brasil. Da diferença entre os estados, as características de cada região, suas necessidades e, principalmente, possibilidades. Quero retomar um pouco isso e explicar melhor como esse conceito será aplicado no seu negócio, seja ele qual for. Então, a primeira pergunta:

PARA QUAL BRASIL VOCÊ TRABALHA: O DE 20 MILHÕES OU O DE 200 MILHÕES DE HABITANTES?

Eu divido o Brasil em dois: o país de vinte milhões de habitantes e o país de duzentos milhões de habitantes. Esses vinte milhões já são mais que a Argentina, Portugal e muitos outros países. É um país de um público aqui específico. E é um espaço cheio de oportunidades. Várias marcas, empresas de diversos segmentos atuam nesse espaço e têm muito sucesso. Mas lembre-se: as que têm sucesso sabem que vendem para esse público, conhecem suas necessidades, características e anseios. Agora, quando você vai para o país de duzentos milhões de habitantes, aí é outro Brasil. Quando você olha a América do Sul, territorialmente, o Brasil ocupa mais de 70% do território dela. Se pensarmos em sua população, somos quase 50% (população da América do Sul em 2023 é de 447 milhões de pessoas; a do Brasil, 203 milhões). O que significa isso? Consumo. A gente trabalha com uma renda baixa. Essa é a realidade para a maioria do Brasil de duzentos milhões. O nosso país, infelizmente, ainda é precário em várias áreas, falta muita coisa. Então, quando você vai trabalhar nos duzentos milhões, você tem que dar acesso. No nosso caso, dar acesso significa: comprar muita matéria-prima, produzir muito na indústria, distribuir para todos os estados e, por fim, ganhar menos no unitário, ou seja, ter uma margem menor em seu produto, mas fazer uma escala gigantesca, para ganhar no volume e na quantidade. Só que a maioria das empresas não olha com muito cuidado para o seu consumidor e não faz essa análise de pensar para qual Brasil ela quer trabalhar. Vinte milhões é tendência: públicos específicos, personalização, foco no nicho, condições específicas, margem maior unitária. Duzentos milhões é primeira necessidade: volume, consumo em escala, alto giro e recorrência.

Vamos dar um exemplo: cesta básica. Esse produto atende todas as classes sociais, em todos os estados. A margem dos produtos que a compõem são mínimas, mas o volume de venda é gigantesco, ou seja, atende o público de duzentos milhões; agora, pense em uma marca que produz sapatilhas de balé. Produto específico, personalizado, que segue tendências de uso e aplicação; atende o Brasil de vinte milhões.

Eu trabalho com medicamento, que é primeira necessidade. Então, eu não atuo na bolha de vinte milhões, mas no Brasil todo. Eu não discuto classe social no meu negócio. Eu não fabrico o remédio para a classe A, B, C, D ou E. É para quem precisa. E aqui temos uma definição muito importante: não é o barato, é o acessível. Para entender o acessível, você precisa ter um *mindset* totalmente diferente.

Outra coisa muito importante para atender o público de duzentos milhões: organização. Como a margem é menor, uma pequena falha na sua organização pode significar, literalmente, não ter nenhum lucro. Quando você trabalha com altos volumes, a verticalização (que já falamos aqui) é crucial. Você precisa escalar todas as fases da produção. Por exemplo, gráfica. Mais de 50% do custo de fabricação de alguns medicamentos está na embalagem, no papel, impressão e montagem das caixinhas. Chega em um ponto que eu preciso fazer isso dentro de casa e acabo assumindo uma parte da indústria que poderia terceirizar, que faz sentido terceirizar em escalas menores, mas quando estamos falando em altas escalas (repetindo, para atender o Brasil de duzentos milhões) isso deixa de ser uma opção e eu preciso absorver essa fase da produção industrial. E aí as pessoas me perguntam: você é distribuidor ou industrial? E a minha resposta é sempre a mesma: eu sou verticalizado. Tudo aquilo que pode roubar a margem do meu negócio ou eu coloco para dentro ou tenho um parceiro exclusivo.

E essa mentalidade começa a atender todas as frentes do seu negócio. Aqui, falamos no detalhe da precificação. Tudo isso que falei diz respeito a precificação. Preciso ter um preço acessível (não barato). Mas a ideia se aplica em todas as áreas. O marketing precisa pensar em coisas acessíveis, preciso atingir o público de duzentos milhões (por isso fomos para a TV aberta, como já contamos), preciso fazer campanhas, tendências, promoções, soluções que atendam esse público diverso e descentralizado. É um desafio, mas quando funciona você tem um mercado gigante para atender.

Por último, ainda pensando nesse conceito dos duzentos milhões, eu preciso voltar no tema da criação de novos mercados. Veja: se eu crio um segmento novo para vinte milhões, eu tenho um potencial de vendas; se eu crio um segmento para duzentos milhões (que é o caso do Carmed, que já contamos aqui) o potencial de vendas é dez vezes maior. De novo, antes de qualquer coisa, eu preciso respeitar todas as exigências que esse público tem, principalmente preço, mas se eu consigo, a escala é enorme. E isso aconteceu conosco repetidas vezes: nos genéricos, depois na linha Lavitan e também no Carmed. E o mais importante: você cria um segmento, mas também cria consumidores. Usando ainda o Carmed como exemplo: esse produto atingiu um público jovem muito grande, tanto pelas suas características quanto pelas ações com influenciadores e influenciadoras digitais que já mencionamos. Larissa Manoela é só um dos exemplos das grandes influenciadoras digitais que trabalharam esse produto. E quando você cria um novo consumidor e leva ele para dentro da farmácia – sim, vou reforçar mais uma vez: nosso trabalho é sempre levar o consumidor para a farmácia; todas as nossas ações, seja no digital, na TV ou em qualquer lugar, sempre vão levar o consumidor para dentro da farmácia, para ser atendido pelo varejista que é o meu maior aliado e sempre será –, ele passa a frequentar um local que antes não frequentava. E ali ele percebe a possibilidade de consumir novos produtos, sejam eles coisas que ele já comprava em outros locais, e agora ele vê que pode comprar na farmácia, ou novos produtos que ele passará a consumir agora que frequenta esse espaço. Percebe o círculo virtuoso que é criado? A partir das experiências proporcionadas por nossa equipe, as pessoas passaram a gostar de frequentar farmácias, já que, além das medicações, elas têm um mundo de possibilidades de consumo do lado de fora do balcão. O medicamento é praticamente eterno.

O consumo depende da necessidade, como falamos. Precisa, compra. Ele tem preços tabelados, margens estreitas. Agora, quando você vai pra fora do balcão, a farmácia pode se transformar em um verdadeiro shopping center! Por que não?

É importante
se manter em
constante
transformação.

AQUI É O MEU LUGAR – JOÃO ADIBE

Vamos avaliar este ciclo

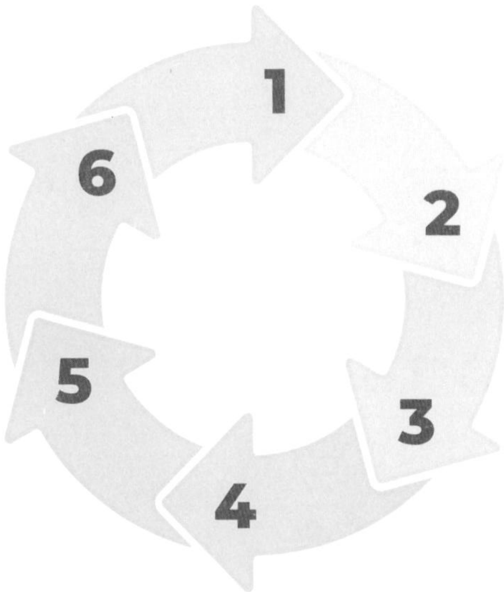

1. Crio um produto
2. Produto cria a demanda
3. Novo consumidor frequenta a loja
4. Compra outro produto
5. Esse produto cria outra demanda
6. Outro novo consumidor, e assim infinitas vezes repetidas

Para concluir, espero que este capítulo tenha sido de grande proveito para você. Aqui entendemos a diferença entre nicho e larga escala, entre barato e acessível, e quais as características de cada um dos públicos no Brasil, além de entender o círculo virtuoso de criação de novos segmentos e novos consumidores. Segue em nosso planner um guia para que você preencha as características do seu negócio para entender se você deve atuar no Brasil de vinte milhões ou no Brasil de duzentos milhões.

	NÃO **20M**	SIM **200M**
1. Seu produto é uma necessidade básica?	☐	☐
2. Seu produto atende todo tipo de pessoa?	☐	☐
3. Produzido em grande escala, o seu produto consegue melhores valores de venda?	☐	☐
4. É possível produzi-lo em larga escala?	☐	☐
5. Você consegue vender o mesmo produto em qualquer região do país?	☐	☐
6. Seu produto pode ser vendido em qualquer ponto de venda de varejo (supermercados, farmácias, bancas etc.)?	☐	☐
7. Seu produto pode ser vendido em qualquer época do ano?	☐	☐
8. Seu produto pode ser armazenado em grandes volumes?	☐	☐
9. O consumidor do seu produto pode ser uma pessoa de qualquer faixa etária?	☐	☐
10. O consumidor do seu produto pode ter (ou não) qualquer grau de instrução para entender a sua função?	☐	☐

Case Lavitan: saúde em dobro

Definitivamente, a população brasileira não tem um histórico de prevenção. Somos uma sociedade corretiva, ou seja, o medicamento entra quando não existe mais outra opção. Ele vem para corrigir um problema. Porém, hoje, estamos em uma era em que se fala muito mais em prevenção do que quando eu comecei lá atrás, trabalhando com meu pai e minha mãe. Por isso, a Lavitan surgiu como uma nova área dentro da Cimed. A ideia é ter aqui uma linha de produtos para prevenir doenças, aumentar a qualidade de vida e evitar, consequentemente, ou pelo menos diminuir, a necessidade do consumo de medicamentos pelo brasileiro. E o brasileiro, de modo geral, desconhece o que é realmente uma vitamina e para que ela serve. Vamos aqui fazer uma lista dos benefícios básicos das principais vitaminas necessárias para o corpo humano:

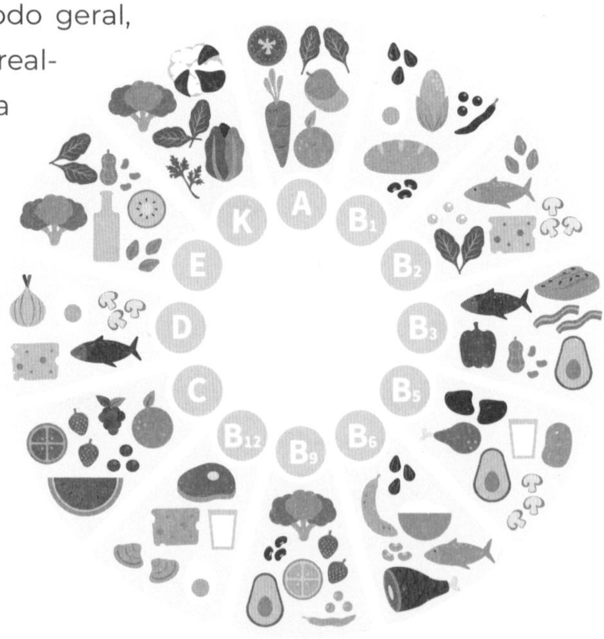

VITAMINAS E SEUS BENEFÍCIOS

D

VITAMINA D

Essencial para a saúde óssea, pois ajuda na absorção de cálcio. Também tem papel no sistema imunológico, músculos e saúde cardiovascular.

Fontes: exposição ao sol, peixes gordurosos, ovos, produtos fortificados.

C

VITAMINA C

Importante para a pele, ossos e tecido conjuntivo. Promove a cicatrização e ajuda na absorção de ferro. Tem propriedades antioxidantes e fortalece o sistema imunológico.

Fontes: frutas cítricas, brócolis, morangos, pimentão.

A

VITAMINA A

Fundamental para a visão, crescimento, desenvolvimento celular, saúde da pele e sistema imunológico.

Fontes: fígado, peixes, produtos fortificados,
vegetais de folha verde, vegetais alaranjados e amarelos.

B

COMPLEXO B (B1, B2, B3, B5, B6, B7, B9, B12)

Essencial para o metabolismo energético, saúde do sistema nervoso, formação de células vermelhas do sangue, saúde da pele e do cabelo.

Fontes: carnes, ovos, legumes, nozes, grãos integrais,
vegetais verdes folhosos, produtos fortificados.

E

VITAMINA E

Tem propriedades antioxidantes, protege as células contra danos, importante para a saúde da pele e dos olhos.

Fontes: nozes, sementes, vegetais de folhas verdes, óleos vegetais.

K

VITAMINA K

Essencial para a coagulação do sangue e saúde óssea.

Fontes: vegetais verdes folhosos, óleos vegetais, peixes, carne, ovos.

Considerações:

A importância de cada vitamina pode variar conforme as necessidades individuais, que podem ser influenciadas por fatores como idade, condição de saúde, dieta e estilo de vida. Uma alimentação equilibrada, rica em frutas, vegetais, grãos integrais e proteínas magras, geralmente fornece todas as vitaminas que o corpo precisa. No entanto, em alguns casos, pode ser necessário o uso de suplementos, o que deve ser feito sob orientação de um profissional de saúde.

A qualidade de vida pode ser significativamente melhorada com uma nutrição adequada, que inclui um consumo suficiente de vitaminas para suportar as funções corporais essenciais, promover a saúde a longo prazo e prevenir doenças. Um estilo de vida saudável, associado a uma alimentação rica em nutrientes, é fundamental para o bem-estar geral.

Agora que você já conhece as vitaminas, vou elencar aqui as doenças e os problemas que elas podem prevenir quando mantemos seus níveis adequados em nosso organismo ao longo dos anos.

D

VITAMINA D

Doenças preveníveis: osteoporose, raquitismo (em crianças), possivelmente reduz o risco de algumas doenças autoimunes, depressão e certos tipos de câncer.

Problemas de saúde: fraqueza muscular, dor óssea, maior risco de quedas em idosos.

C

VITAMINA C

Doenças preveníveis: escorbuto, reduz o risco de doenças cardiovasculares e alguns tipos de câncer e pode diminuir a duração do resfriado comum.

Problemas de saúde: atraso na cicatrização de feridas, gengivas sangrantes, anemia por deficiência de ferro (melhora a absorção de ferro).

A

VITAMINA A

Doenças preveníveis: cegueira noturna, pode reduzir o risco de certos tipos de câncer, ajuda na prevenção de doenças infecciosas melhorando a função imunológica.

Problemas de saúde: secura ocular (xeroftalmia), alterações na pele e mucosas, aumento da suscetibilidade a infecções.

B

COMPLEXO B (B1, B2, B3, B5, B6, B7, B9, B12)

Doenças preveníveis: beribéri (B1), pelagra (B3), anemia megaloblástica (B9 e B12), doenças cardiovasculares (B9 pode ajudar a controlar os níveis de homocisteína, um fator de risco), danos nos nervos e problemas cognitivos (B12).

Problemas de saúde: fadiga, irritabilidade, alterações na pele e mucosas, problemas de memória.

E

VITAMINA E

Doenças preveníveis: pode reduzir o risco de doenças cardíacas e alguns tipos de câncer e contribuir para a desaceleração do processo de doenças que causam degeneração dos tecidos, como a doença de Alzheimer.

Problemas de saúde: fraqueza muscular, problemas de visão, imunidade reduzida.

K

VITAMINA K

Doenças preveníveis: hemorragias devido à deficiência de coagulação do sangue, osteoporose (ajuda na manutenção da saúde óssea).

Problemas de saúde: sangramento excessivo em caso de feridas ou lesões.

Considerações:

A prevenção de doenças por meio da nutrição envolve uma abordagem holística, incluindo um equilíbrio entre várias vitaminas e minerais, bem como outros nutrientes essenciais. Uma dieta rica e variada, juntamente com um estilo de vida saudável, é a chave para maximizar os benefícios da nutrição para a saúde e bem-estar. Sempre é recomendável uma consulta com profissionais de saúde para avaliações e recomendações personalizadas, especialmente em casos de deficiências nutricionais específicas ou condições de saúde preexistentes.

Bom, acho que já deu para entender a importância da prevenção e o porquê de investirmos tanto para o surgimento dessa linha, que é hoje motivo de orgulho e um verdadeiro case de sucesso em vendas.

Quando você olha o faturamento de R$ 3 bilhões da companhia, ela é a principal família de produto da nossa empresa. Lavitan é a maior marca que a empresa tem hoje. É a marca número um de vitaminas não só em faturamento, mas também em *market share* e unidades.

Qual é o grande desafio quando a gente fala dessa categoria? É que falta informação para o consumidor brasileiro entender realmente o que é vitamina. Vitamina é educação, é hábito de vida. Estamos tentando transformar isso para o brasileiro, de uma maneira diferente.

Quando olhamos os dois últimos anos de pandemia, foi a categoria que mais cresceu. Por quê? Porque as pessoas entenderam que a imunidade é uma fortaleza em relação às doenças respiratórias, inclusive para a covid.

Organizamos nosso ecossistema de vendas e avançamos com o consumidor final. Foi quando tivemos essa potência do *Domingão*. Só para você ter um dado, um dia depois das ações de marketing, a nossa venda cresce 25 vezes. É muito forte.

Toda vez que vamos realizar alguma ação de marketing também pensamos no bolso do consumidor. O mais legal disso é que conseguimos descer um degrau, conseguimos mostrar que vitamina não é apenas um produto da população da classe A. A gente conseguiu fazer Lavitan ser o produto do B e do C.

Porém, o desafio ainda é grande. Hoje, somente 6% da população brasileira consome vitamina. Há muito mercado para crescer. Desses 6%, 50% usam vitamina C efervescente. O Brasil hoje tem mais de 1.800 marcas de vitamina. E quantas marcas realmente fazem a diferença? Por isso Lavitan é líder hoje.

Genérico na TV pela primeira vez

O *merchandising* na TV brasileira não é novidade como estratégia de marketing. Chamamos de "ativação" quando uma marca aparece de alguma maneira em cenários de novelas, na ação de algum dos personagens e até nos figurinos ou cenários de forma mais disfarçada. Mas a gente fez diferente. Eu mesmo fui para a telinha promover a marca de vitaminas Lavitan. O executivo da terceira maior farmacêutica do Brasil em volume de vendas interpretou ele mesmo na novela *Fuzuê*, da TV Globo. E criamos uma narrativa para isso, com o João Real. Como já disse aqui, eu sou vendedor, sempre me apresentei assim, e ali eu estava no papel de vendedor de farmácia, mas não foi nada fácil. Achei que iria ser, porque é o que faço no meu dia a dia: ir até o cliente e vender. Mas ali na emissora, com aqueles milhares de câmeras, a equipe toda ao meu redor, esperando minha atuação, não saiu uma palavra. Descobri ali que, como ator, eu sou um excelente vendedor de remédios! Fica aqui minha admiração a todos os atores e atrizes do Brasil, que fazem esse trabalho de forma brilhante.

Mas esse é só um exemplo emblemático de nossas ativações na TV aberta. Pensando que somos uma empresa que atende o Brasil de duzentos milhões, a TV aberta precisa ser minha aliada. A publicidade na TV aberta, apesar das mudanças no cenário midiático com a ascensão das plataformas digitais, ainda detém uma série de vantagens significativas para as marcas. A seguir, detalharei os principais benefícios de investir em anúncios e ativações na televisão aberta nos dias de hoje, considerando uma abordagem de marketing e endomarketing.

1 **Amplo e diversificado:** a TV aberta alcança milhões de espectadores simultaneamente, abrangendo uma ampla gama demográfica. Isso permite que as marcas comuniquem suas mensagens a um público vasto e diversificado, incluindo aqueles que podem não estar tão presentes nas plataformas digitais.

2 **Credibilidade e confiança:** a televisão, como meio tradicional, goza de um nível de credibilidade e confiança junto ao público que muitas novas plataformas ainda lutam para estabelecer. Anúncios em canais reconhecidos podem transferir essa credibilidade para a marca, fortalecendo sua imagem.

3 **Impacto visual e emocional forte:** a combinação de vídeo e áudio em um anúncio de TV permite uma experiência imersiva, capaz de gerar fortes emoções e deixar uma impressão duradoura. Isso é particularmente útil para campanhas que visam estabelecer conexões emocionais com o público.

4 **Integração com outras campanhas:** anúncios na TV podem ser facilmente integrados com campanhas digitais, criando uma abordagem de marketing multicanal. Isso pode aumentar a eficácia geral da campanha, assegurando que a mensagem alcance o público em vários pontos de contato.

5 **Endomarketing e engajamento interno:** a presença da marca na TV aberta pode ser um poderoso instrumento de endomarketing, elevando o orgulho e o engajamento dos funcionários. Ver a própria empresa na televisão pode reforçar a sensação de pertencimento e a confiança na marca para a qual trabalham.

6 **Segmentação geográfica:** embora a TV aberta tenha um alcance amplo, ela também permite uma certa segmentação geográfica, especialmente em redes que têm afiliadas locais. Isso possibilita a adaptação de mensagens para públicos específicos em determinadas regiões.

7 **Velocidade de alcance:** a capacidade de atingir milhões de espectadores quase instantaneamente é uma vantagem significativa da TV aberta, especialmente em campanhas com objetivos de curto prazo ou para anúncios de lançamentos de produtos, eventos e promoções.

8 **Flexibilidade criativa:** a TV aberta oferece um vasto leque de opções criativas, desde *spots* comerciais de 30 segundos até ativações de marca integradas em programas, oferecendo às marcas a oportunidade de inovar e capturar a atenção do público de maneiras únicas.

9 **Efeito halo:** anunciar na TV aberta pode gerar um "efeito halo", melhorando a percepção da marca em outros canais. Os consumidores tendem a perceber marcas que anunciam na TV como mais confiáveis e de maior status, o que pode influenciar positivamente suas decisões de compra em outros contextos.

10 **Análise e medição de resultados:** com o avanço das tecnologias de medição e análise, tornou-se mais fácil medir o impacto dos anúncios de TV em termos de alcance, reconhecimento da marca e até conversões, permitindo otimizações em tempo real e um melhor entendimento do ROI (retorno sobre o investimento).

Investir em publicidade na TV aberta requer uma compreensão clara dos objetivos da marca, do público-alvo e da mensagem a ser transmitida. Quando bem planejada e executada, essa estratégia pode oferecer benefícios significativos, contribuindo para o fortalecimento da marca, aumento de vendas e engajamento tanto do público externo quanto interno.

Estratégias-chave para o sucesso

Os casos de sucesso em ações de marketing da Cimed são um exemplo emblemático de como estratégias de marketing bem planejadas e executadas podem levar a resultados extraordinários. As ações mencionadas aqui e principalmente os casos de Carmed e Lavitan destacam não apenas a eficácia da estratégia de marketing adotada, mas também a importância de compreender profundamente o mercado e o público-alvo. Aqui mostro a vocês a chave da estratégia de qualquer ação que fazemos hoje. Elas não são por acaso:

Entendimento profundo do público-alvo: *a Cimed investe tempo e recursos para compreender as necessidades, desejos e comportamentos de seu público-alvo. Esse entendimento permitiu que a empresa criasse ofertas altamente relevantes e atraentes.*

Uso eficiente de dados e tecnologia: *a capacidade de coletar, analisar e agir com base em dados em* *tempo real permitiu à Cimed identificar oportunidades de mercado e otimizar suas campanhas para alcançar o máximo impacto.*

Estratégias de marketing multicanal: *utilizamos uma abordagem multicanal, combinando marketing digital, publicidade tradicional e estratégias de relações públicas para criar uma campanha coesa e onipresente. Essa abordagem assegurou que a mensagem da marca alcançasse o público em diversos pontos de contato.*

Inovação em produtos e ofertas: *a inovação contínua em sua linha de produtos e ofertas permitiu à Cimed se destacar em um mercado competitivo. A empresa soube capitalizar em tendências emergentes e demandas do consumidor, oferecendo soluções que atendiam ou superavam as expectativas.*

Investimento em branding e posicionamento de marca: *investimos significativamente no fortalecimento de nossa marca e no posicionamento de mercado. Isso envolveu a criação de campanhas que ressaltavam a qualidade, eficácia e confiabilidade de nossos produtos, além de enfatizar valores que se alinham ao nosso público-alvo.*

Parcerias estratégicas e colaborações: *a busca por parcerias estratégicas com outras empresas e influenciadores ampliou o alcance e a eficácia de* *nossas campanhas de marketing. Essas colaborações permitem acessar novos públicos e ganhar credibilidade por associação.*

ERICH SHIBATA, DIRETOR DE CRIAÇÃO E BRANDING DA CIMED

3

PARTE 3

LIDERANÇA

Seja aquele que inspira e encanta

Tornar-me pai aos 26 anos foi uma experiência transformadora, especialmente com o nascimento de Adibe, meu filho mais velho. A escolha de seu nome foi uma forma de homenagear meu avô, Adibe, cuja memória sempre valorizei, mesmo ele não estando mais conosco em 1998. A paternidade se revelou uma jornada de alegrias repetidas, com a chegada de Esther, Bruna, João Pedro e Charlotte, ampliando o círculo de amor e orgulho.

Na minha visão de pai, esforço-me para equilibrar a amizade e a orientação, sempre com o foco em incutir valores essenciais e a importância da coesão familiar. Dedico-me integralmente a essas responsabilidades, o que, acredito, fortalece nossos laços e mantém meus filhos próximos, envolvidos não apenas em nossa vida familiar, mas também no negócio familiar, a Cimed.

A integração dos meus filhos na empresa segue princípios de confiança, aprendizado e oportunidades justas, sem privilégios indevidos. Acredito que a chave para o sucesso na gestão de uma empresa familiar reside no tratamento profissional dos membros da família, com remunerações justas e baseadas no mérito.

Adibe, em particular, assumiu um papel significativo na Cimed. Sua trajetória, desde a mudança de Florianópolis para

São Paulo até a decisão de se juntar à empresa, reflete um compromisso com o legado familiar e o negócio. A sua evolução, marcada por uma apresentação impactante em uma convenção da empresa, simboliza sua transição de herdeiro para líder na organização.

Esther e Bruna, seguindo os passos de Adibe, estão gradualmente se familiarizando com o negócio, cada uma à sua maneira e no seu próprio ritmo. Esther, com sua paixão por comunicação, e Bruna, adaptando-se a uma nova fase de vida em São Paulo, estão ambas descobrindo seus lugares na empresa e no mundo.

Além dos meus filhos, os filhos de minha irmã, Karla, também estão encontrando seus caminhos na Cimed. Juliana, com sua afinidade por processos e números, e Pedro, contribuindo com suas habilidades em arquitetura, estão ambos desempenhando papéis fundamentais. Eduardo, o mais novo, promete trazer sua criatividade para o futuro da empresa.

Essa história familiar, entrelaçada com o desenvolvimento do nosso negócio, reflete uma visão de longo prazo, em que a continuidade e o crescimento são sustentados por valores compartilhados, trabalho duro e um compromisso com a excelência.

A jornada é tanto pessoal
quanto profissional,
**uma fusão de legado
e inovação,** guiada
pela esperança de um
futuro próspero para
a próxima geração.

AQUI É O MEU LUGAR – JOÃO ADIBE

Mas toda essa preocupação com as próximas gerações não está apenas no legado que deixaremos para as próximas gerações de nossa família; está também em todos os níveis da empresa. A ideia de ter novas gerações em todos os níveis nos faz produzir cada vez mais futuros gestores alinhados à nossa cultura. O gerente de hoje pode ser o diretor de amanhã; o supervisor de hoje é o gerente de amanhã; e assim por diante. Todos precisam estar em constante evolução e isso só é possível quando a liderança vai passando os seus valores de cima para baixo. Sendo assim, ter uma cultura de encantamento é fundamental. O primeiro que deve amar o seu produto é o seu funcionário; a equipe da Cimed precisa ser a primeira a querer, desejar e se encantar com o que fazemos para, então, poder transmitir esse encantamento para os nossos clientes. E o encantamento está no dia a dia, em tudo que fazemos, transformando a vida das pessoas e os seus desejos.

A cultura de encantamento do cliente é essencial para o sucesso de uma empresa por diversos motivos, todos interligados à maneira como a empresa se posiciona no mercado e se relaciona com seu público-alvo.

Aqui na Cimed nós temos o departamento de encantamento. Esse é um departamento que quase não existe em outras empresas do Brasil. Ele é inspirado nos departamentos de encantamento de empresas como Airbus, Apple, Disney, Force Agents etc. No Brasil podemos contar nos dedos as empresas que têm uma estrutura para isso. O encantamento trabalha diretamente com quatro macroáreas da empresa:

1. O RH para encantar os funcionários;
2. O marketing para encantar o consumidor;
3. O comercial para encantar os clientes;
4. E a área de novos negócios para encantar os fornecedores.

Dentro desses quatro pilares, vamos chamar assim, vamos explorar em detalhes os aspectos que tornam essa cultura tão fundamental:

1. Diferenciação competitiva
Num mercado cada vez mais saturado, onde produtos e serviços similares competem pela atenção dos consumidores, a experiência que uma marca oferece pode ser o diferencial que destaca uma empresa das demais. O encantamento do cliente vai além da satisfação básica, criando uma experiência memorável que promove a lealdade e a preferência pela marca.

2. Construção de relacionamentos duradouros
Clientes encantados são clientes leais. Eles não apenas retornam para mais compras como também tendem a se tornar defensores da marca, recomendando-a a amigos e familiares. Este é um círculo virtuoso: o encantamento gera lealdade, que por sua vez gera mais negócios e novos clientes por meio de referências.

3. Feedback positivo e melhoria contínua
Clientes que vivenciam experiências excepcionais estão mais inclinados a compartilhar suas impressões,

seja por meio de avaliações online, redes sociais ou comunicação boca a boca. Esse feedback não apenas serve como um poderoso marketing orgânico, mas também fornece insights valiosos que podem ser usados para aprimorar ainda mais produtos, serviços e experiências.

4. Resiliência de marca

Em momentos de crise ou frente a erros inevitáveis, uma base sólida de clientes encantados pode ser uma fonte de resiliência. Esses clientes tendem a ser mais compreensivos e pacientes, pois já têm uma relação positiva e de confiança com a marca. Isso pode ser crucial para manter a reputação e a estabilidade da empresa em tempos difíceis.

5. Maximização do valor do cliente (Customer Lifetime Value – CLV)

O encantamento do cliente não apenas atrai novos compradores, mas também aumenta o valor de cada cliente ao longo do tempo. Clientes encantados tendem a comprar mais frequentemente, experimentar novos produtos ou serviços e permanecer fiéis à marca por mais tempo, aumentando assim o seu CLV.

6. Implementação estratégica

Para implementar uma cultura de encantamento do cliente, é fundamental que toda a empresa esteja alinhada com esse objetivo. Isso inclui desde a liderança até os colaboradores da linha de frente, passando pela integração desse princípio nos processos, na formação e no atendimento ao cliente. É um esforço contínuo que envolve entender profundamente as necessidades e os desejos dos clientes, superar suas expectativas e resolver problemas de maneira proativa e empática.

Em resumo, a cultura de encantamento do cliente é um pilar central para empresas que buscam não apenas sobreviver, mas prosperar em um ambiente de negócios cada vez mais competitivo. Ela é a chave para criar uma base sólida de clientes leais, promover o crescimento sustentável e construir uma marca forte e respeitada no mercado.

PARA ENCANTAR, FALE PRIMEIRO EM VALORES ANTES DE FALAR EM PREÇO.

A diferença entre herdeiro e sucessor

Desejo profundamente que meus filhos e sobrinhos ultrapassem minhas conquistas, mantendo sempre viva a chama de nossas raízes. O dia 17 de setembro de 2019 marcou minha vida de maneira indelével. Precisamente às 12h37, vivenciei uma emoção sem precedentes com o nascimento de Charlotte, minha filha caçula. Esse momento transcendeu o comum, pois tive a honra incomparável de ser a primeira pessoa a acolhê-la neste mundo, auxiliando diretamente no seu nascimento por cesariana. A emoção de segurá-la pela primeira vez fez tremer cada fibra do meu ser, e até hoje encontrar palavras que descrevam a coragem que brotou em mim naquele instante é um desafio. Aceitar participar tão ativamente desse momento foi, sem dúvida, uma das experiências mais marcantes da minha vida.

Momentos antes da cirurgia, o ginecologista me propôs uma questão surpreendente: "João, você deseja auxiliar diretamente no nascimento de sua filha?". Sem hesitar, aceitei, embora uma pausa para reflexão talvez me fizesse ponderar a magnitude da responsabilidade. Contudo, impulsionado pela emoção de testemunhar mais um milagre do nascimento, me lancei de corpo e alma na proposta. Afinal, sempre fiz questão de estar presente nos nascimentos de meus filhos, mas nunca de uma forma tão intensa.

Ao lado de Cinthya, acompanhei cada etapa do procedimento, da anestesia ao nascimento de Charlotte. Ver sua cabeça pela primeira vez foi um choque de realidade e emoção, como se eu me tornasse pai pela primeira vez. A equipe médica, com precisão, me orientou no momento certo: "Agora, você pode segurá-la". Com as pernas trêmulas, aproximei-me, e ao tocar Charlotte, senti o peso imenso daquele momento. Meu coração acelerou enquanto, com extremo cuidado, a retirava para o primeiro contato fora do ventre. A sensação foi além do extraordinário. Orientado pelos profissionais, cortei o cordão umbilical, e ao ouvir o choro de Charlotte, tudo mais se desvaneceu, restando apenas nós dois, conectados por um laço inquebrável.

Após os procedimentos iniciais e os exames de rotina, enquanto Charlotte era cuidadosamente preparada em seu bercinho aquecido, eu a observava, completamente absorto em sua presença. Ao final, com ela já aconchegada em seus agasalhos, levei-a até Cinthya, que ainda se recuperava da cirurgia. Tudo aconteceu de forma tão rápida, mas profundamente significativa.

Refletindo sobre essa experiência, não hesitaria em vivê-la novamente, tantas vezes quanto possível. O amor imenso que sinto por meus cinco filhos é o pilar que sustenta minha presença constante em suas vidas, em todos os momentos, grandes ou pequenos.

E seguindo aquilo que o meu pai praticou comigo, me permitindo empreender no próprio negócio da família, mantenho expectativas elevadas para meus filhos e sobrinhos dentro do negócio, tratando-os não apenas como familiares, mas como colegas de trabalho. É essencial para mim que compreendam a responsabilidade de suas posições na empresa, exigindo deles desempenho e resultados consistentes. A presença na empresa não é meramente simbólica; é imprescindível que contribuam ativamente, pois a complacência e a inatividade são inaceitáveis. Erros são toleráveis dentro do contexto de aprendizado e crescimento, contanto que haja um esforço genuíno para corrigi-los e evitar repetições.

A importância de uma ética de trabalho rigorosa é sublinhada pela necessidade de sustentar um estilo de vida próspero, que só é alcançável por meio de dedicação e esforço. Além disso, enfatizo a valorização do dinheiro, ensinando-os sobre seu custo e origem, uma lição que considero fundamental. Essa educação financeira visa prepará-los não só para contribuírem para a empresa, mas também para gerirem suas finanças pessoais de maneira prudente.

O objetivo final é que a Cimed não permaneça apenas sob a gestão de Karla e eu, mas que floresça sob a liderança de nossa prole expandida, incluindo Mariana e seus filhos. Acreditamos que cada membro da família tem potencial para enriquecer a empresa com suas habilidades únicas, promovendo um ambiente de crescimento mútuo. Até o momento, Adibe e Juliana já se integraram efetivamente à estrutura da empresa, enquanto outros membros da família estão em diferentes estágios de envolvimento.

Meu papel é comparável ao de um timoneiro, guiando e motivando nossa equipe, incluindo meus filhos e sobrinhos, para alcançar a excelência. Essa liderança ativa visa não só a manter a competitividade da empresa, mas também a servir de inspiração para todos. A partir do exemplo de dedicação e perseverança, busco incutir neles a mesma paixão e comprometimento.

A transição de gerações na liderança da empresa é um desafio pessoal e profissional significativo. Meu objetivo não é simplesmente passar a empresa a herdeiros, mas preparar sucessores capazes de superar as realizações de Karla e as minhas. Estou confiante de que, com a orientação correta, eles não só atenderão como também excederão essas expectativas.

Desde cedo, tinha uma visão clara sobre meu futuro: ao concluir o ensino médio, deixaria Florianópolis, onde vivia com minha mãe, para ingressar na vida acadêmica e profissional em São Paulo, ao lado de meu pai. Esse sonho infantil se tornou realidade em 2016, aos dezessete anos, marcando o início de minha jornada adulta.

Minha rotina se dividia entre os estudos em Administração pela manhã e o trabalho no escritório familiar à tarde, ao lado de figuras inspiradoras: meu avô, meu pai e minha tia, que fizeram questão de integrar-me completamente, colocando minha mesa de trabalho junto às suas. Entretanto, após cinco meses nesse ritmo, percebi que a dupla jornada comprometia meu desempenho em ambas as frentes. Com apoio de meu avô e meu pai, decidi dedicar-me exclusivamente ao negócio familiar. Afinal, meu objetivo em São Paulo era imergir na gestão da empresa, algo que os estudos divididos não me permitiriam fazer plenamente.

A transição de uma vida escolar para o ambiente corporativo foi um salto imenso, de uma realidade infantil para discussões de alto nível. Nesse contexto, meu pai desempenhou um papel crucial, exigindo de mim responsabilidade e disciplina, ensinamentos que moldaram meu caráter e minha postura profissional. Nos primeiros anos, fui espectador nas negociações e reuniões, absorvendo conhecimento. Essa fase de aprendizado foi intensa, marcada pela ansiedade e pelo crescimento pessoal, impulsionado pela oportunidade de desenvolvimento que meu pai me proporcionou.

Desde 2016, a empresa sofreu transformações significativas, nas quais tive o privilégio de estar envolvido. A evolução da Cimed, sob a liderança de meu pai e minha tia, reflete a importância da adaptação e do aprendizado contínuo, valores herdados de meu avô e que eu busco honrar. A valorização da família, o respeito aos mais velhos e o legado de meu pai são pilares fundamentais em minha vida. A convivência familiar e profissional ensinou-me o valor da humildade, do respeito e da dedicação, princípios que guiam tanto as relações pessoais quanto as práticas empresariais na Cimed. Hoje estou convicto de que a entrega profissional traz recompensas imensuráveis, e não me vejo em outro lugar que não seja contribuindo para o crescimento da empresa familiar.

> *A história de meu pai, intrinsecamente ligada à Cimed, é uma fonte de inspiração. Seu equilíbrio entre a dedicação à família e à empresa é um modelo a ser seguido, um legado de valor imensurável. A ele, minha gratidão por ensinar-me a escutar e por permitir-me fazer parte de sua trajetória e da história da Cimed.*
>
> Adibe Marques, diretor de vendas da Cimed
> e sucessor direto de João Marques Adibe

O futuro é agora: os 5, 7 e 10BI

Para finalizar, volto a falar aqui aquilo que falei no início: os três bilhões já atingidos são só o início. Agora a nossa meta é atingir os 5BI em 2025 – veja a sugestiva foto da quarta capa deste livro –, os 7BI em 2027 e os 10BI em 2029. Como fazer isso? Continuar aplicando tudo isso que já fazemos sem tirar o pé do acelerador. Já virou uma provocação por aqui: "E aí, gente, o que vocês vão fazer hoje pelos 5BI?". Eu também não gosto de números pares, por isso as contas, as metas e os anos estão sempre em ímpares. E quando eu digo que só precisamos continuar fazendo o que já fazemos, não estou mentindo e posso provar: nos últimos dez anos nós crescemos o dobro do mercado. Logo, se continuarmos fazendo o que estamos fazendo, chegaremos lá ao longo do tempo.

O resultado é inevitável para aquele que não para.

AQUI É O MEU LUGAR – JOÃO ADIBE

Essa é a frase que quero deixar para vocês após a leitura do meu livro. Espero que aproveitem e utilizem essa leitura como inspiração, além de terem sempre à mão o guia de ação, o planner, para utilizar a qualquer hora. Os conteúdos extras, dos QR codes, sempre que necessário serão atualizados, e incluiremos nossos conteúdos da Cimed para você, leitor, estar sempre em dia com tudo o que temos de mais moderno por aqui. Aproveite sua jornada, cuide de você para poder cuidar dos outros e saiba dividir o seu tempo para ser um gestor familiar e um gestor do seu trabalho, qualquer que seja ele, de alta performance e de maneira sustentável. Um abraço!

